Johann Wolfgang von Goethe

Faust, ein Fragment

Johann Wolfgang von Goethe

Faust, ein Fragment

ISBN/EAN: 9783744721837

Hergestellt in Europa, USA, Kanada, Australien, Japan

Cover: Foto ©Thomas Meinert / pixelio.de

Weitere Bücher finden Sie auf **www.hansebooks.com**

DEUTSCHE LITTERATURDENKMALE

DES 18. JAHRHUNDERTS

IN NEUDRUCKEN HERAUSGEGEBEN VON BERNHARD SEUFFERT

5

FAUST

EIN FRAGMENT

von

GOETHE

STUTTGART

G. J. GÖSCHEN'SCHE VERLAGSHANDLUNG.

1882

Das Bedürfnis, Goethes Faust in der Gestalt, in welcher der Dichter sein Werk zuerst der Öffentlichkeit vorlegte, in Händen zu haben, machte sich stärker fühlbar, seit Scherers Untersuchungen für die Entstehungsgeschichte der einzelnen Teile der Dichtung neue Bahn gebrochen haben. Das gleiche Ziel wie Scherer in Goethes Frühzeit (Quellen und Forschungen XXXIV. Strassburg 1879) verfolgen die Ausführungen Schröers in der Einleitung zu seiner Ausgabe des ersten Faustteiles (Heilbronn 1881). Die Mitteilung und Prüfung der Ergebnisse hat hier ebenso wenig Raum wie die Aufzählung aller Litteratur, welche diese Frage der Faustforschung berührt. Dienlicher mag der Hinweis auf neue Stützpunkte zur Lösung der schwierigen Aufgabe sein.

Im Augusthefte des 'Teutschen Merkur' 1773 (III 133 ff.) erschien Wielands lyrisches Drama 'Die Wahl des Herkules.' Es ist sein Faust, nur dass statt des Durstes nach Wahrheit der Eifer für Tugend den Kern bildet; ein Unterschied, der für den Fortschritt der geistigen Entwickelung des 18. Jahrhunderts bezeichnend ist und Wielands Abstand von Goethe zum Ausdruck bringt. Abgesehen von dieser Grundverschiedenheit der Auffassung aber sind beide Helden himmelstürmende Titanen. Herkules zerbricht die Fesseln Amors, Faust wirft die Bande der Fachgelahrtheit ab. Gottähnlichkeit, Göttlichkeit streben beide an. Darin sind

a*

sie Brüder. Und diese Verwandtschaft war es, welche Wielands Herkules mit Goethes Faust verknüpft hat.

Wielands Held ruft aus: 'Ein feiger Sklave sollt' ich sein? Beim Himmel, nein! Ich fühl ein Herz in meinem Busen schlagen!.. O! Götter, darf ichs wagen, ... Um ein Geheimnis euch zu fragen? .... — Diese Glut in meinem Busen, .. Dieses Hüpfen jeder Ader, wo andre beben, ... Wie nenn' ichs, was den andern Erdensöhnen mich So ungleich macht?.. Was auf den ganzen Kreis von ihren kleinen Sorgen, Entwürfen, Freuden, Plagen, Kalt und unbewegt mich niederblicken heisst?' (S. 133 f.) So verwünscht auch Faust seine Vergangenheit und sucht durch Geistesmund manch Geheimnis zu erkunden; auch er fühlt junges Lebensglück Neuglühend sich durch Nerv' und Adern rinnen; auch er weiss sich erhaben über andere Menschen und kennt nicht ihre Furcht (V. 23 ff. 79 f. 13 ff.). Herkules stellt die Frage: 'Wer bin ich? Gab ein Halbgott, Gab ein Gott das Leben mir? Wie wallt mein Blut Bei diesem grossen Gedanken auf! Ich zittre nicht Indem ich ihn zu denken wage!.. Ich fühl's, ich fühl's, Es ist der Götter Blut, was diese Adern schwellt! O du, der mir das Leben gab, Unsterblicher, warum verbirgst du dich vor mir? O zeige dich!' (S. 134 f.) Ähnlich lässt sich Faust zu einer Gottheit aufschwellen (V. 140. 1958) und fragt: 'Bin ich ein Gott? Mir wird so licht.. Schon fühl' ich meine Kräfte höher.. Ich fühle Muth mich in die Welt zu wagen.. Ich fühl's, du schwebst um mich, erflehter Geist! Enthülle dich!' (V. 86. 109. 111. 122 f.) Den Einwurf gegen diese Überschätzung, welchen in Goethes Faust der Geist erhebt, macht sich Herkules selbst: 'Aber ... wenn die selbstbetrogne Vermessne Seele, was sie feurig wünscht, Für Ahnung hielte? Alcid, du träumst, du träumst von Gottheit? du?' (S. 135) wie Faust von seiner Kraft spricht, die ahnungsvoll sich vermass und empfin-

det, dass er Gott nicht gleicht (Schröer V. 268. 299).
Und ruft Herkules aus: 'Wie gross! wie klein!
Izt, muthig, jedem Ungeheuer Trotz zu bieten, Izt, ver-
zagt vor einem Blicke! Izt, ganz durchdrungen von der
hohen Schönheit Der Tugend, ganz von ihrer Gottheit
voll,... Doch bald .... So niedrig sollt' ich sein? So
schwach!.. Eurer Lehren so uneingedenk, Ihr Führer
meiner Jugend!' (S. 137) so äussert sich Faust: 'Ich,
Ebenbild der Gottheit, das sich schon ganz nah ge-
dünkt dem Spiegel ewger Wahrheit ... Ein Donner-
wort hat mich hinweggerafft .. So hatt' ich dich zu
halten keine Kraft .. Ich fühlte mich so klein, so
gross ... Wer lehret mich?' (Schröer V. 261 f. 269.
272. 274. 277) Ferner, wie die Wollust dem Herkules
zuruft: 'Du fliehst die Welt, Alcid? ... Entweichst du
ihr in einen öden Wald; Sprichst mit dir selber, staunst,
verlierst dich in Gedanken, Zweifelst, welchen Weg des
Lebens Du nehmen sollst? Sieh eine Freundin, Die
willig ist, zum Glück der Götter dir Den Weg zu zeigen!' (S. 138 f.) so sucht Mephistopheles Faust in Wald
und Höhle auf, so spricht er: 'In die Welt weit Aus
der Einsamkeit .. Wollen sie [die Geister] dich locken.
Hör auf mit deinem Gram zu spielen ... willst du mit
mir vereint Deine Schritte durchs Leben nehmen, So
will ich mich gern bequemen Dein zu sein ..' (Schröer
V. 1278 ff.) Wie Faust den Mephistopheles nach seinem
Namen fragt (Schröer V. 974) so auch Herkules die
Wollust (S. 139). Mit Genuss will sie Herkules gewinnen (S. 140) wie Mephistopheles den Faust (Schröer
V. 1337 ff.). Als letzten Trumpf, den sie gegen die
Tugend ausspielt, verspricht sie Herkules seine geliebte
Dejanira (S. 148); und Mephistopheles lockt Faust aus
der Waldhöhle durch Gretchen (V. 1976 ff.). Wie Her-
kules zwischen dem Guten und Bösen schwankend aus-
ruft: 'Zwoo Seelen — Zu gewiss fühl ichs! — Zwoo
Seelen kämpfen in meiner Brust!' (S. 147) so
klagt Faust: 'Zwei Seelen wohnen, ach! in meiner

Brust!' (Schröer V. 759)*). Ferner, wer wird durch Herkules' Arie: 'O trag Erbarmen Mit meinem Schmerz! Der innre Aufruhr Zerreisst mein Herz.... Glich meinem Schmerzen Wohl je ein Schmerz?' (S. 149 f.) nicht erinnert an das so viel herrlichere Gebet Gretchens im Zwinger? (V. 2017 ff. vgl. Goethe-Jahrbuch I 187 ff.) Noch manche einzelne Stelle lässt sich zur Vergleichung heranziehen. So sagt die Tugend: 'Allein des wahren Glückes Quelle Liegt in deiner eignen Brust' (S. 152) und Faust: 'Erquickung hast du nicht gewonnen, Wenn sie dir nicht aus eigner Seele quillt' (V. 215 f.). Auch das freie Versmass, die ungleich wechselnden langen und kurzen Verszeilen des lyrischen Dramas waren für den Faust formgebend, wie umgekehrt ein Blick auf die Überarbeitung des Singspieles in der Ausgabe letzter Hand (Bd. 26) lehrt, dass Wieland seine Verse nach dem Vorbilde des Faust ordnet, wobei er sogar da und dort den Ausdruck nach Goethes Worten modelt; so liest man im 'Merkur' (S. 143): 'Die Zeit ist kostbar! Willst du sie verlieren?' in den Werken aber steht (26, 169) mit Rücksicht auf Faust (V. 205 f. 266): 'Die Zeit ist kostbar, kurz das Leben.'

Kaum wird ein unbefangener Leser auf diese Zusammenstellungen antworten mit Wielands Versen: Wir lassen dies alles gern den Leuten, die auf entdeckte Ähnlichkeiten sich viel zu gute thun. Und wer ihre Berechtigung zugesteht. wird auch die Schlüsse daraus ziehen. Vor allem wird man die verglichenen Verse des Faust nicht vor den August 1773 setzen dürfen, freilich auch nicht behaupten können, dass sie kurz darnach entstanden sein müssen, da nicht nur die erste Lektüre

---

*) Zugleich sei hier die Quelle dieses Ausdruckes aufgedeckt: Wieland merkt im Neuen Amadis (1771 II 15) an, Araspes in Xenophons Cyropädie finde zwei Seelen in seinem Herzen. Die Stelle im 6. Buch, Kap. 1 § 41 lautet: $\delta\acute{v}o$ $\gamma\grave{\alpha}\varrho$ $\sigma\alpha\varphi\tilde{\omega}\varsigma$ $\check{\varepsilon}\chi\omega$ $\psi\upsilon\chi\acute{\alpha}\varsigma$.

der Wielandischen Dichtung, sondern ebenso jede spätere
den Einfluss geübt haben kann. Das erstere ist an
sich und auch darum wahrscheinlicher, weil fest steht,
dass Goethe 1773 am Faust thätig war. Damit wird
eine der Stellen (V. 122 f.), welche nach Scherers An-
sicht (Q. F. XXXIV 82) aus Prosa umgeschrieben ist,
später angesetzt: sie ist reimlos und freirhythmisch wie
Wielands Singspiel. Aber die von Scherer erkannte
Zusammengehörigkeit der Scenen: Monolog mit Erdgeist,
Faust und Mephistopheles, Zwinger (Q. F. XXXIV 98 f.)
wird durch diese Beobachtungen bestätigt; das von jenem
mit den Worten: Mangel an Lokalfarbe, rein lyrisch,
seelenmalende Monologe bezeichnete Gepräge dieser Stücke
ist nun durch das gleichgeeigenschaftete Vorbild erklärt.
Ferner ergibt sich, was Schröer aus andern Gründen
zu erweisen sucht, dass zur 'grossen Lücke' schon in
dieser Zeit Ansätze vorhanden waren.

Wer die Vergleichung im ganzen ins Auge fasst,
dem wird die Vermutung nicht allzu gewagt erscheinen,
dass auf einer Stufe der Entwurf des Faust dem Herkules-
drama ähnelte. Herkules, verzweifelt an seiner Vergangenheit, will in die Einsamkeit sich zurückziehen;
ebenso geht Faust in die Einsamkeit (vgl. Scherer Q. F.
XXXIV 84 f. Schröer V. 1279), eine Entwicklung, die
also nicht dem prosaischen Faust schon angehört haben
müsste. Da tritt ihnen die Verführung entgegen als
Wollust und Mephistopheles. Die allegorische Erscheinung
der auf ein Ruhebette hingegossenen Wollust, von
Herkules mit dem Ausrufe: 'Welch ein Anblick!..
träum ich wachend!' (S. 138) begleitet, könnte Vorbild
gewesen sein für die Spiegelscene, welche Faust mit
den Worten schildert: 'Welch ein himmlisch Bild..
Muss ich in diesem hingestreckten Leibe Den
Inbegriff von allen Himmeln sehn?.. Ich werde schier
verrückt...' (V. 892 ff. 919). Dann wäre diese
in Italien fertig gestellte Scene Hexenküche älteren
Ursprungs, wie auch Scherer vermutet hat (Q. F. XXXIV

107). Der Hauptteil des Wielandischen Singspieles, die
Reden der Tugend, dichterisch dem Anfang weit nach-
stehend, übte keinen greifbaren Einfluss auf Faust. Der
Schluss jedoch zielt auf die im zweiten Teile des Faust
gegebene Lösung: schaffendes Wirken für die Menschheit (S. 143, 153) als Lebensaufgabe und als Preis die
Aufnahme in den Himmel (S. 153).*)

Nicht nur die Wahl des Herkules, noch andere Dicht-
ungen Wielands wirkten, wenn auch entfernter, im Faust
nach. Auch an der Musarion, von der Goethe jedes
Blatt auswendig gelernt hatte (Goethe-Jahrbuch II 381),
ist seine Ausdrucksweise emporgewachsen. Schröer hat für
die Verse (Schröer 299 f.) im Faust: 'Den Göttern gleich
ich nicht! . . . Dem Wurme gleich ich' an ähnliche
Stellen in Goethes Epistel an Riese erinnert. Näher zu
liegen scheint mir die Parallele mit den Worten in der
Musarion (1768 S. 23): 'Mich bald zum Gott und bald
zum Wurm zu machen.' Ebenso lässt vielleicht die
Vergleichung folgender Stellen eine dunkle Reminiscenz
erkennen. In der Musarion wird ein 'Titans Söhnen
gleich die Geisterwelt erstürmender' Mensch also ge-
schildert (S. 8 f.): 'Wie prächtig klingt's, den fesselfreien
Geist Im reinen Quell des Lichts von seinen Flecken
waschen, Die Wahrheit, die sich sonst nie ohne Schleier
weist . . entkleidet überraschen; Der Schöpfung Grund-
riss übersehn' . . . und Faust spricht: (Ach könnt ich
doch) 'Von allem Wissensqualm entladen In deinem [des
Mondes] Tau gesund mich baden' (V. 43 f.); er klagt,
dass sich Natur des Schleiers nicht berauben lässt
(Schröer V. 320) und strebt nach der Erkenntnis dessen,
was die Welt im Innersten zusammenhält (V. 29 f.).
Zwischen den hier vorschwebenden Stellen der Musarion

---

*) Beides hatte Wielands Quelle, die Apomnemonenmata
des Xenophon (II 1, 33) schwächer angedeutet mit den
Worten: τοιαῦτά σοι ἔξεστι διαπονισαμένῳ τὴν μακαριστοτάτην
εὐδαιμονίαν κεκτῆσθαι.

stehen die Verse: 'Nennt immer den beglückt .. der ..
selbst den Tod, der ihn mit Lorbeern schmückt, Wie
eine Braut an seinen Busen drückt.' Indem Goethe den
Vergleich zum zweiten selbständigen Moment erhebt,
folgt er dem Banne seines Gedächtnisses in Fausts
Worten (Schröer V. 1220 ff.): 'O selig der, dem er [der
Tod] im Siegesglanze Die blut'gen Lorbeern um die
Schläfe windet, Den er nach rasch durchrastem Tanze
In eines Mädchens Armen findet.' Diese gewiss zu-
fälligen Anklänge haben kein grösseres Gewicht, als
dass auch sie die litterarischen Voraussetzungen verraten,
aus denen der Faust erstehen konnte. Aus dem gleichen
Grunde möchte ich anmerken, dass zum Homunculus in
der Phiole Wieland ein Scherflein beigesteuert haben
kann; in den Goethe wohlbekannten Beiträgen zur ge-
heimen Geschichte des menschlichen Verstandes und
Herzens (1770 I 221) wünscht der Verfasser seine aus
dem Tristram als 'Menschen im Keime' entlehnten Ho-
munculos unter eine Glasglocke setzen zu können. Doch
auch dieser Hinweis gewährt keine Einsicht in die Ent-
stehungszeit des Faust.

Fruchtbarer in diesem Betracht ist Wielands Ge-
dicht An Psyche (T. Merkur 1776 I 12 ff.). Es gibt
Zeugnis, welche Teile der Faustdichtung am Schlusse
des Jahres 1775 vorhanden gewesen sein müssen. Ver-
anlassung und Inhalt des poetischen Briefes ist Wielands
Aufenthalt in Stetten vom 1.—3. Januar 1776. Auch
Goethe war dahin gekommen (Wielands Briefe an S. La
Roche S. 180) und las mehrere Scenen aus seinem Faust
vor: 'O welche Gesichte (vgl. Faust V. 167), welche Scenen
Hiess er vor unsern Augen entstehn!' ruft Wieland aus.
'Und wenn wir dachten, wir hätten's gefunden .. Wie wurd'
er so schnell uns wieder neu! Entschlüpfte plötzlich dem
satten Blick Und kam in andrer Gestalt zurück; ...
Und jede der tausendfachen Gestalten So ungezwungen ...!'
Unter den vorgetragenen Scenen müssen einmal Fausts
erster Monolog und seine Worte nach der grossen Lücke

gewesen sein; das ergeben ausser Wielands oft vermerkter Anspielung auf Nostradamus die Verse: 'Wir fühlten's mit allen unsern Sinnen Durch alle unsre Adern rinnen — vgl. Faust V. 78. 80 ... Der alle Güte und alle Gewalt Der Menschheit so in sich vereinigt — vgl. Faust V. 249 ff. ... Der unzerdrückt von ihrer Last So mächtig alle Natur umfasst — vgl. Faust V. 85. 88 ... So tief in jedes Wesen sich gräbt Und doch so innig im Ganzen lebt!' — vgl. Faust V. 94 f. 250 ff. Sodann müssen auch Gretchenscenen vorgelesen worden sein und zwar wohl Gretchen am Spinnrad und im Zwinger, wie aus Wielands Worten hervorgeht: 'Wer schmelzt wie er die Lust im Schmerz? Wer kann so lieblich ängsten und quälen? In süssern Tränen zerschmelzen das Herz?' Auch die hier gewonnenen Anhaltspunkte für den Torso des Herkules, wie Schiller das Fragment nannte, stimmen mit Scherers Datierungen überein.

Im ersten Jahre des Erscheinens des Faustfragmentes wurden vier Ausgaben im gleichen Klein-Oktavformat verlegt in Leipzig, | bey Georg Joachim Göschen, | 1790. Zwei davon (*AB*) bilden den Anfang von Goethe's Schriften. | Siebenter Band. Den Titel schmückt ein auf Iery und Bätely bezügliches Bildchen, vorausgesetzt ist ein Kupferblatt, Fausts erste Monologscene darstellend. Die beiden andern Ausgaben (*ab*) sind betitelt: Faust. | Ein Fragment. | Von | Goethe. | Achte Ausgabe. Diese Haupttitel sind in allen selbständig gedruckt. Das erste Blatt des Bogens A trägt in allen die Specialtitel: Faust. | Ein Fragment. Von den 168 Seiten sämmtlicher Drucke beginnt jede mit dem gleichen Worte. Die fünf Bogen A bis E aller vier Ausgaben sind von einem Satze abgezogen, wie die genaueste Übereinstimmung in allem, auch in schadhaften Lettern — ich habe acht Drucke verglichen — erweist, nur dass die Norm von *AB* Goethe's W. 7. B. auf diesen und den übrigen Bogen in *ab* weggelassen, auch durch keine neue er-

setzt ist. Von Bogen F an aber teilen sich die Ausgaben in zwei Gruppen *Aa* und *Bb*. Veranlassung zu
einem zweiten Drucke der folgenden Bogen war die
grössere Anzahl von Druckfehlern, während auf den ersten
nur fünf Fehler sich finden. Ausser dem Unterschiede
in Gestalt und Stellung einzelner Schriftzeichen sind
folgende Abweichungen bemerkbar: V. 1052 'was *Aa*
was *Bb* | 1110 g'rade *Aa* gr'ade *Bb* | 1119 geſchwind, *Aa*
geſchwinr. *Bb* | 1145 leſeni *Aa* leſen *Bb* | 1212 Hörſaal
Aa Hörſal *Bb* | 1254 'was *Aa* was *Bb* | 1282 jedem
Aa jeden *Bb* | 1290 Wargrethlein *Aa* Margrethlein *Bb* |
1363 ſagen *Aa* ſagen *Bb* | vor 1393 Margarethe. *Aa*
Mephiſtopheles. *Bb* | 1415 'was *Aa* was *Bb* | 1490 euer,
Aa euer. *Bb* | 1494 'was *Aa* was *Bb* | 1511 g'rad
Aa g'rad' *Bb* | 1586 uebernähm' (oder doch undeut-
liches ü) *Aa* übernähm' *Bb* | 1612 g'rad *Aa* g'rad'
Bb | 1653 Verzweiſlung *Aa* Verzweiflung *Bb* | 1801 bethen.
Aa bethen, *Bb* 1834—6 schliessen den Bogen J und
sind wiederholt zu Anfang des Bogens K *Aa* fehlen auf
Bogen J — die vorhergehenden Zeilen sind zur Aus-
füllung des Raumes gedehnt — und beginnen den
Bogen K *Bb* | 1863 Geſchlec *Aa* Geſchlec' *Bb* | 1913
vollkomm'nes *Aa* Vollkomm'nes *Bb* | 1975 und *Aa* und
Bb | 2107 Aſchenruh *Aa* Aſchenruh' *Bb* | 2122 Gewölbe
Aa Gewölbe, *Bb*. Aus dieser Zusammenstellung ist
ersichtlich, dass auf Bogen F bis K Druckfehler be-
richtiget und auf denselben einschliesslich L Kleinig-
keiten verändert sind, dass aber auch neue Druckfehler sich eingeschlichen haben. Im ganzen also bietet
Bb einen verbesserten Text, welcher für die nochmals
berichtigte Ausgabe in Goethes Schriften 1791 Bd. 4
massgebend ward. Es ist an sich unwahrscheinlich,
dass der fehlerhaftere Druck *Aa* der spätere ist, und
darum unmöglich, weil dann beim Umdrucken des Bogens
J der Setzer die ersten Zeilen des nächsten Bogens her-
übergenommen haben müsste; allein begreiflich ist das
Umgekehrte, dass beim ersten Satze nach dem Manu-

skripte die Schlusszeilen des einen Bogens zu Beginn des andern wiederholt wurden.

Demnach hat der Verleger den Faust in den gesammelten Schriften, und zwar auf stärkerem und leichterem Papiere, *A* und gleichzeitig als Separatausgabe *a* herausgegeben; dies ist die erste, die Originalausgabe. Dann veranstaltete Göschen eine zweite Ausgabe in den Schriften *B* und einzeln *b*, für welche er die ersten fünf Bogen von *Aa* benützte, die fünf letzten in äusserlich getreuester Nachahmung des ersten Satzes neu drucken liess. *)

Diesen vier Ausgaben stehen drei zur Seite: Exemplare von *A* wurden auch in anderer Form zu Markt gebracht; die Bandnorm ward beibehalten, der Bandtitel aber weggelassen und durch ein neues Blatt ersetzt mit der Inschrift: Fauſt. | Ein Trauerſpiel | von | Göthe. Leipzig, | bey Georg Joachim Göſchen. | 1787. Ferner kennt Holland (Goethes Faust. 1882. S. VI) einen Druck mit dem Titel: Fauſt. Ein Fragment. Von Goethe. Aechte Ausgabe. Leipzig, bey Georg Joachim Göſchen, 1787. Derselbe bietet ebenfalls den ersten Satz; ob *A* oder *a*, lässt der Nachweis nicht bestimmen. Endlich ist in Wenzels 'Aus Weimars goldenen Tagen' S. 53 eine Ausgabe verzeichnet mit . der Aufschrift: Fauſt. Ein Fragment. Leipzig, Göſchen 1789. 8°. 168 SS. Welcher der vier ersten Ausgaben dieses neue Titelblatt vorangesetzt wurde, ist aus Wenzels Beschreibung nicht ersichtlich; eine handschriftliche Bemerkung in einem der mir vorliegenden Exemplare deutet auf *B* oder *b*. Jedenfalls liegt den Datierungen dieser Drucke ein Irrtum (oder eine absichtliche Täuschung?) zu Grunde.

Der nachfolgende Neudruck gibt den Text von *Aa*,

---

*) Eine Erneuerung dieser zweiten Ausgabe ist in diesen Tagen erschienen unter dem Titel: Goethes Faust ein Fragment in der ursprünglichen Gestalt neu herausgegeben von Holland. Freiburg i. B. und Tübingen 1882. J. C. B. Mohr.

den Haupttitel von *a* wieder. Verbessert sind darin ausser
den oben verzeichneten Druckfehlern in V. 1145, 1282,
1290, 1363, 1393, 1586, 1653, 1834 ff. die folgenden:
V. 250 meinem aus meinen | 283 Krone aus Kronen | 379
rem aus ren | 391 euch aus auch | 796 Hand! aus Hand |
1176 warmem aus warmen | 1491 soll't aus sollt' vgl.
1544 könn't aus könnt' zwar steht V. 2016 sollt 1132
könnt und öfters wollt; aber die Anwendung des
Apostrophes ist nicht gleichmässig durchgeführt und im
allgemeinen zeigt sich eine Vorliebe für denselben, so
dass sogar V. 1271 sah' und hier und in den Ausgaben
letzter Hand 1720 hält'st gedruckt ist | 1947 rumpfem
aus rumpfen

Wie in den übrigen Drucken dieser Sammlung sollten
auch hier nur die offenbaren Druckversehen beseitigt,
nicht aber ein durchaus gereinigter Text hergestellt
werden, weshalb die Ungleichheiten in Orthographie,
Verwendung des Apostrophes, Interpunktion bewahrt
wurden, zumal auch die Drucke *Bb* und 1791 neben
den Berichtigungen alte Druckfehler und Inkonsequenzen
aufweisen. Es blieb also unverändert: V. 85 ring's ob-
wohl sechsmal rings steht | 174 f. Kommödiant 253 Ihrem
weil in der Ausgabe 1791 auch V. 143 du der starken
Betonung wegen in Du verbessert wurde. Sonst sind
die Anredewörter mit kleinem Anfangsbuchstaben geschrieben ausser Er und Sie (Sing. und Plur.) mit den
entsprechenden Possessivpronomina, wonach in V. 783,
1342, 1344 zu korrigieren wäre | 559 wollt' steht für
wolltet wie 1114 zugericht' für zugerichtet vgl. 781 Wart
1308 Dankt statt Dankt' wie 1860 Bild't — so auch
in den Ausgaben letzter Hand — statt Bild't' | 1913
vollkomm'nes statt Vollkomm'nes vgl. 364, 822, 1502,
2045.

Die nachgenannten Stellen sollen gegen etwaigen
Verdacht der Fehlerhaftigkeit von vornherein verteidigt
werden: V. 187 f. blas't .. aus (später 'raus) s. Grimms
D.Wb. z. B. Rauch aus der Pfeife ausblasen; vgl. 1662

aufgeflogen | 850 und nach 927 Schorſtein s. Adelungs Wb. | 918 reimen; der auch in den Ausgaben letzter Hand bewahrte Strichpunkt zeigt an, dass die Tiere hier keine Pause machen, sondern zugleich mit Faust und Mephistopheles fortsprechen | 2053 und 2072 schliessen an die vorhergehenden Zeilen und Seiten ohne irgend ein Zeichen der Unterbrechung an; auch die Ausgabe 1791 fährt ohne Absatz fort, während die Ausgaben letzter Hand neu anheben.

Ferner sind einige in *Au* undeutlich ausgeprägten Schriftzeichen zu vermerken, welche bei der Mehrzahl der verglichenen Abzüge erkennbar, in einem oder dem andern Exemplar aber unklar oder verschwunden waren; so nach V. 976 das zweite n in unanſtänbige | 1169 der Punkt nach träuſeln | nach 1207 der Punkt nach zu | 1236 die Bindestriche zwischen Bäter=Saale | 1430 die Trennungsstriche zwischen Frie=ben |

Die Scenen, welche alle mit Ausnahme der zweiten, eingangs fragmentarischen eine Zeit oder Ort bestimmende Überschrift tragen, sind im Originale in verschiedenen Abständen aneinander gereiht, ohne dass daraus der Schluss auf Zusammengehörigkeit der näher gerückten sich ziehen liesse. Mit den Scenen: Faust und Mephistopheles, Auerbachs Keller, Hexenküche, Gretchens Stube, Wald und Höhle, Dom beginnt je eine neue Seite, an deren Kopf (ausser vor der Domscene) Raum frei gelassen ist; die übrigen Scenen schliessen sich eng an einander an.

Die Verszählung endlich stimmt mit der von Schröer eingeführten und wohl allgemein anerkannten Ordnung überein; so auch darin, dass V. 2029 ʻUnd ich, ber Gott= verhaßte, hatte nicht genug,ʼ wegen der darauf folgenden Reimbänder in zwei Verse geteilt ist, also die Worte ʻHatte nicht genug,ʼ einen eigenen V. 2030 bilden. Nur in dem einen Falle weicht die hier angezeigte Verszählung von der Schröerschen ab, dass sie auch V. 1643 dem gewiss richtigen Grundsatze Schröers gemäss, die gerade in der ersten Ausgabe sorgfältige Anordnung Goethes

zu wahren, nicht mit 1644 verbindet; die reimlosen
Verse beginnen 1642, Er ſieſt mich! ist als selbständiger
Vers zu zählen. Um das Nachschlagen zu erleichtern,
ist im nachstehenden Texte der an den äusseren Rändern
angegebenen durchlaufenden Zählung des Fragmentes die
Schröersche Zählung an den inneren Rändern in kleinerer
Schrift beigefügt und oben in den Ecken der Seiten die
Zählung v. Loepers mit L. angemerkt.

Würzburg, Anfang Februar 1882.

Bernhard Seuffert.

Berichtigungen.

V. 912 lies ſaſt' | 1954 gönnen. |

Faust.

Ein Fragment.

Von

Goethe.

Ächte Ausgabe.

Leipzig,
bey Georg Joachim Göschen,
1790.

[1]

Faust.

Ein Fragment.

---

[3]

Nacht.

In einem hochgewölbten, engen, gothischen Zimmer,

Faust unruhig auf seinem Sessel am Pulte.

Faust.

    Habe nun, ach! Philosophie,
    Juristerey und Medicin,
    Und leider auch Theologie
    Durchaus studirt, mit heißem Bemühn!
5   Da steh' ich nun, ich armer Thor!   5
    Und bin so klug als wie zuvor;
    Heiße Magister, heiße Doctor gar,
    Und ziehe schon an die zehen Jahr,
    Herauf, herab und quer und krumm,
10   Meine Schüler an der Nase herum —   10
[4] Und sehe, daß wir nichts wissen können!
    Das will mir schier das Herz verbrennen.
    Zwar bin ich gescheidter als alle die Laffen,
    Doctoren, Magister, Schreiber und Pfaffen;
15   Mich plagen keine Scrupel noch Zweifel,   15
    Fürchte mich weder vor Hölle noch Teufel —
    Dafür ist mir auch alle Freud' entrissen,
    Bilde mir nicht ein was rechts zu wissen,
    Bilde mir nicht ein, ich könnte was lehren,
20   Die Menschen zu bessern und zu bekehren.   20
    Auch hab' ich weder Gut noch Geld,

1 *

Noch Ehr' und Herrlichkeit der Welt.
Es möchte kein Hund so länger leben!
Drum hab' ich mich der Magie ergeben,
25 Ob mir, durch Geistes Kraft und Mund
Nicht manch Geheimniß würde kund;
Daß ich nicht mehr, mit saurem Schweiß,
Zu sagen brauche, was ich nicht weiß;
Daß ich erkenne, was die Welt
30 Im Innersten zusammen hält,
Schau' alle Wirkenskraft und Samen,
Und thu' nicht mehr in Worten kramen.

[5] O sähst du, voller Mondenschein,
Zum letztenmal auf meine Pein,
35 Den ich so manche Mitternacht
An diesem Pult herangewacht:
Dann über Bücher und Papier,
Trübsel'ger Freund, erschienst du mir!
Ach könnt' ich doch auf Berges Höh'n,
40 In deinem lieben Lichte gehn,
Um Bergeshöhle mit Geistern schweben,
Auf Wiesen in deinem Dämmer weben,
Von allem Wissensqualm entladen,
In deinem Thau gesund mich baden!

45 Weh! steck' ich in dem Kerker noch?
Verfluchtes, dumpfes Mauerloch!
Wo selbst das liebe Himmelslicht
Trüb' durch gemahlte Scheiben bricht.
Beschränkt mit diesem Bücherhauf,
50 Den Würme nagen, Staub bedeckt,
Den, bis an's hohe Gewölb' hinauf,
Ein angeraucht Papier umsteckt;
Mit Gläsern, Büchsen rings umstellt,
[6] Mit Instrumenten vollgepfropft,
55 Urväter Hausrath drein gestopft —
Das ist deine Welt! Das heißt eine Welt!

Und fragst du noch, warum dein Herz
Sich bang' in deinem Busen klemmt?
Warum ein unerklärter Schmerz
60 Dir alle Lebensregung hemmt? 60
Statt der lebendigen Natur,
Da Gott die Menschen schuf hinein,
Umgibt in Rauch und Moder nur
Dich Thiergerippt und Todtenbein.

65 Flieh! auf! hinaus in's weite Land! 65
Und dieß geheimnißvolle Buch,
Von Nostradamus eigner Hand,
Ist dir es nicht Geleit genug?
Erkennest dann der Sterne Lauf,
70 Und wenn Natur dich unterweist, 70
Dann geht die Seelenkraft dir auf,
Wie spricht ein Geist zum andern Geist.
Umsonst, daß trocknes Sinnen hier
Die heil'gen Zeichen dir erklärt,
75 [7] Ihr schwebt, ihr Geister, neben mir, 75
Antwortet mir, wenn ihr mich hört!

Er schlägt das Buch auf und erblickt das Zeichen des Makrokosmus.

Ha! welche Wonne fließt, in diesem Blick,
Auf einmal mir durch alle meine Sinnen?
Ich fühle junges, heil'ges Lebensglück,
80 Neuglühend mir durch Nerv' und Adern rinnen. 80
War es ein Gott, der diese Zeichen schrieb,
Die mir das innre Toben stillen,
Das arme Herz mit Freude füllen,
Und, mit geheimnißvollem Trieb,
85 Die Kräfte der Natur rings um mich her enthüllen? 85
Bin ich ein Gott? Mir wird so licht!
Ich schau' in diesen reinen Zügen
Die wirkende Natur vor meiner Seele liegen.
Jetzt erst erkenn' ich was der Weise spricht:
90 „Die Geisterwelt ist nicht verschlossen; 90
„Dein Sinn ist zu, dein Herz ist todt!

„Auf bade, Schüler, unverdrossen
„Die ird'sche Brust im Morgenroth!"
      [8] Er beschaut das Zeichen.
Wie alles sich zum Ganzen webt!
95   Eins in dem andern wirkt und lebt!   95
Wie Himmelskräfte auf und nieder steigen
Und sich die goldnen Eimer reichen!
Mit segenduftenden Schwingen
Vom Himmel durch die Erde dringen,
100 Harmonisch all das All durchklingen!   100

    Welch Schauspiel! aber ach! ein Schauspiel nur!
Wo faß' ich dich, unendliche Natur?
Euch Brüste, wo? Ihr Quellen alles Lebens,
An denen Himmel und Erde hängt,
105 Dahin die welke Brust sich drängt —   105
Ihr quellt, ihr tränkt, und schmacht' ich so vergebens?
Er schlägt unwillig das Buch um, und erblickt das Zeichen des
                Erdgeistes.
Wie anders wirkt dieß Zeichen auf mich ein!
Du, Geist der Erde, bist mir näher;
Schon fühl' ich meine Kräfte höher,
110 [9] Schon glüh' ich wie von neuem Wein.   110
Ich fühle Muth, mich in die Welt zu wagen,
Der Erde Weh, der Erde Glück zu tragen,
Mit Stürmen mich herum zu schlagen,
Und in des Schiffbruchs Knirschen nicht zu zagen.
115 Es wölkt sich über mir —   115
Der Mond verbirgt sein Licht —
Die Lampe schwindet!
Es dampft! — Es zucken rothe Strahlen
Mir um das Haupt — Es weht
120 Ein Schauer vom Gewölb' herab   120
Und faßt mich an!
Ich fühl's, du schwebst um mich, erflehter Geist!
Enthülle dich!
Ha! wie's in meinem Herzen reißt!

125 Zu neuen Gefühlen   125
All meine Sinnen sich erwühlen!
Ich fühle ganz mein Herz dir hingegeben!
Du mußt! du mußt! und kostet' es mein Leben!

[10] Er faßt das Buch und spricht das Zeichen des Geistes ge=
heimnißvoll aus. Es zuckt eine röthliche Flamme, der Geist
erscheint in der Flamme.

Geist.

Wer ruft mir?

Faust abgewendet.
Schreckliches Gesicht!

Geist.

130 Du hast mich mächtig angezogen,   130
An meiner Sphäre lang gesogen,
Und nun —

Faust.
Weh! ich ertrag' dich nicht!

Geist.

Du flehst erathmend mich zu schauen,
Meine Stimme zu hören, mein Antlitz zu sehn,
135 Mich neigt dein mächtig Seelenflehn,   135
Da bin ich! — Welch erbärmlich Grauen
Faßt Übermenschen dich! Wo ist der Seele Ruf?
[11] Wo ist die Brust, die eine Welt in sich erschuf,
Und trug, und hegte? Die mit Freudebeben
140 Erschwoll, sich uns, den Geistern, gleich zu heben? 140
Wo bist du, Faust, deß Stimme mir erklang?
Der sich an mich mit allen Kräften drang?
Bist du es? der, von meinem Hauch umwittert,
In allen Lebenstiefen zittert,
145 Ein furchtsam weggekrümmter Wurm!   145

Faust.

Soll ich dir, Flammenbildung, weichen?
Ich bin's, bin Faust, bin deines gleichen!

Geist.

In Lebensfluthen, im Thatensturm
Wall' ich auf und ab,
150   Webe hin und her!   150
Geburt und Grab,
Ein ewiges Meer,
Ein wechselnd Weben,
Ein glühend Leben,
155 [12] So schaff' ich am sausenden Webstuhl der Zeit,   155
Und wirke der Gottheit lebendiges Kleid.

Faust.

Der du die weite Welt umschweifst,
Geschäftiger Geist, wie nah' fühl' ich mich dir!

Geist.

Du gleichst dem Geist, den du begreifst,
160   Nicht mir!   160

Verschwindet.

Faust zusammenstürzend.

Nicht dir!
Wem denn?
Ich Ebenbild der Gottheit!
Und nicht einmal dir!

Es klopft.

165   O Tod! ich kenn's — das ist mein Famulus —   165
Es wird mein schönstes Glück zu nichte!
Daß diese Fülle der Gesichte
Der trockne Schleicher stören muß!

[13] Wagner im Schlafrocke und der Nachtmütze, eine Lampe in
der Hand. Faust wendet sich unwillig.

Wagner.

Verzeiht! ich hör' euch declamiren;
170   Ihr las't gewiß ein Griechisch Trauerspiel?   170
In dieser Kunst möcht' ich was profitiren,
Denn heut zu Tage wirkt das viel.
Ich hab' es öfters rühmen hören,
Ein Kommödiant könnt' einen Pfarrer lehren.

Fauſt.

175 Ja, wenn der Pfarrer ein Kommödiant iſt;
Wie das denn wohl zu Zeiten kommen mag.

Wagner.

Ach! wenn man ſo in ſein Muſeum gebannt iſt,
Und ſieht die Welt kaum einen Feiertag,
Kaum durch ein Fernglas, nur von weiten,
180 Wie ſoll man ſie durch Überredung leiten?

Fauſt.

Wenn ihr's nicht fühlt, ihr werdet's nicht erjagen.
[14] Wenn es nicht aus der Seele dringt,
Und mit urkräftigem Behagen
Die Herzen aller Hörer zwingt,
185 Sitzt ihr nur immer! leimt zuſammen,
Braut ein Ragout von andrer Schmaus,
Und blaſt die kümmerlichen Flammen
Aus eurem Aſchenhäuſchen aus!
Bewund'rung von Kindern und Affen,
190 Wenn euch darnach der Gaumen ſteht.
Doch werdet ihr nie Herz zu Herzen ſchaffen,
Wenn es euch nicht von Herzen geht.

Wagner.

Allein der Vortrag macht des Redners Glück;
Ich fühl' es wohl, noch bin ich weit zurück.

Fauſt.

195 Such' Er den redlichen Gewinn!
Sey Er kein ſchellenlauter Thor!
Es trägt Verſtand und rechter Sinn
Mit wenig Kunſt ſich ſelber vor;
Und wenn's euch Ernſt iſt was zu ſagen,
200 Iſt's nöthig Worten nachzujagen?
[15] Ja, eure Reden, die ſo blinkend ſind,
In denen ihr der Menſchheit Schnitzel kräuſelt,
Sind unerquicklich, wie der Nebelwind,
Der herbſtlich durch die dürren Blätter ſäuſelt!

Wagner.

205 Ach Gott! die Kunst ist lang;
   Und kurz ist unser Leben.
   Mir wird, bey meinem kritischen Bestreben,
   Doch oft um Kopf und Busen bang'.
   Wie schwer sind nicht die Mittel zu erwerben,
210 Durch die man zu den Quellen steigt!
   Und eh' man nur den halben Weg erreicht,
   Muß wohl ein armer Teufel sterben.

Faust.

   Das Pergament, ist das der heil'ge Bronnen,
   Woraus ein Trunk den Durst auf ewig stillt?
215 Erquickung hast du nicht gewonnen,
   Wenn sie dir nicht aus eigner Seele quillt.

[16] Wagner.

   Verzeiht! es ist ein groß Ergetzen,
   Sich in den Geist der Zeiten zu versetzen;
   Zu schauen, wie vor uns ein weiser Mann gedacht,
220 Und wie wir's dann zuletzt so herrlich weit gebracht.

Faust.

   O ja, bis an die Sterne weit!
   Mein Freund, die Zeiten der Vergangenheit
   Sind uns ein Buch mit sieben Siegeln.
   Was ihr den Geist der Zeiten heißt,
225 Das ist im Grund der Herren eigner Geist,
   In dem die Zeiten sich bespiegeln.
   Da ist's dann wahrlich oft ein Jammer!
   Man läuft euch bey dem ersten Blick davon.
   Ein Kehrichtfaß und eine Rumpelkammer,
230 Und höchstens eine Haupt= und Staatsaction,
   Mit trefflichen, pragmatischen Maximen,
   Wie sie den Puppen wohl im Munde ziemen!

[17] Wagner.

   Allein die Welt! des Menschen Herz und Geist!
   Möcht' jeglicher doch was davon erkennen.

Fauſt.

235 Ja, was man ſo erkennen heißt!   235
Wer darf das Kind bey'm rechten Namen nennen?
Die wenigen, die was davon erkannt,
Die thöricht g'nug ihr volles Herz nicht wahrten,
Dem Pöbel ihr Gefühl, ihr Schauen offenbarten,
240 Hat man von je gekreuzigt und verbrannt.   240
Ich bitt' euch, Freund, es iſt tief in der Nacht,
Wir müſſen's dießmal unterbrechen.

Wagner.

Ich hätte gern bis morgen früh gewacht,
244 Um ſo gelehrt mit euch mich zu beſprechen.

ab.

[18] Fauſt.

249 Wie nur dem Kopf nicht alle Hoffnung ſchwindet,   245
Der immerfort an ſchalem Zeuge klebt,
Mit gier'ger Hand nach Schätzen gräbt,
Und froh iſt, wenn er Regenwürmer findet!

----

[19]   Fauſt. Mephiſtopheles.

Fauſt.

1417 Und was der ganzen Menſchheit zugetheilt iſt,
Will ich in meinem innern Selbſt genießen,   250
Mit meinem Geiſt das Höchſt' und Tiefſte greifen,
1420 Ihr Wohl und Weh auf meinen Buſen häufen,
Und ſo mein eigen Selbſt zu Ihrem Selbſt erweitern,
Und, wie ſie ſelbſt, am End' auch ich zerſcheitern.

[20] Mephiſtopheles.

O glaube mir, der manche tauſend Jahre   255
An dieſer harten Speiſe kaut,
1425 Daß in der Wieg' und auf der Bahre
Kein Menſch den alten Sauerteig verdaut!
Glaub' unſer einem, dieſes Ganze

260 Ist nur für einen Gott gemacht;
Er findet sich in einem ew'gen Glanze,
Uns hat er in die Finsterniß gebracht, 1430
Und euch taugt einzig Tag und Nacht.

Faust.

Allein ich will!

Mephistopheles.

Das läßt sich hören!
265 Doch nur vor Einem ist mir bang';
Die Zeit ist kurz, die Kunst ist lang.
Ich dächt' ihr ließet euch belehren. 1435
Associirt euch mit einem Poeten,
Laßt den Herrn in Gedanken schweifen,
270 Und alle edle Qualitäten
Auf euren Ehren=Scheitel häufen,
[21] Des Löwen Muth, 1440
Des Hirsches Schnelligkeit,
Des Italiäners feurig Blut,
275 Des Nordens Dau'rbarkeit.
Laßt ihn euch das Geheimniß finden,
Großmuth und Arglist zu verbinden, 1445
Und euch mit warmen Jugendtrieben
Nach einem Plane zu verlieben.
280 Möchte selbst solch einen Herren kennen,
Würd' ihn Herr Mikrokosmus nennen.

Faust.

Was bin ich denn, wenn es nicht möglich ist 1450
Der Menschheit Krone zu erringen,
Nach der sich alle Sinne dringen?

Mephistopheles.

285 Du bist am Ende — was du bist.
Setz' dir Perrücken auf von Millionen Locken,
Setz' deinen Fuß auf ellenhohe Socken, 1455
Du bleibst doch immer was du bist.

[22] Fauſt.

Ich fühl's, vergebens hab' ich alle Schätze
Des Menſchengeiſt's auf mich herbeygerafft,   290
Und wenn ich mich am Ende niederſetze,
1460 Quillt innerlich doch keine neue Kraft;
Ich bin nicht um ein Haar breit höher,
Bin dem Unendlichen nicht näher.

Mephiſtopheles.

Mein guter Herr, ihr ſeht die Sachen,   295
Wie man die Sachen eben ſieht;
1465 Wir müſſen das geſcheidter machen,
Eh' uns des Lebens Freude flieht.
Was Henker! freylich Händ und Füße
Und Kopf und H — — die ſind dein;   300
Doch alles was ich friſch genieße,
1470 Iſt das drum weniger mein?
Wenn ich ſechs Hengſte zahlen kann,
Sind ihre Kräfte nicht die meine?
Ich renne zu und bin ein rechter Mann,   305
Als hätt' ich vier und zwanzig Beine.
1475 Drum friſch! laß alles Sinnen ſeyn,
[23] Und g'rad' mit in die Welt hinein.
Ich ſag' es dir: ein Kerl, der ſpeculiert,
Iſt wie ein Thier, auf einer Heide   310
Von einem böſen Geiſt im Kreis herum geführt,
1480 Und rings umher liegt ſchöne grüne Weide.

Fauſt.

Wie fangen wir das an?

Mephiſtopheles.

        Wir gehen eben fort.
Was iſt das für ein Marterort?
Was heißt das für ein Leben führen,   315
Sich und die Jungens ennüyieren?
1485 Laß du das dem Herrn Nachbar Wanſt!
Was willſt du dich das Stroh zu dreſchen plagen?

Das beste, was du wissen kannst,
320 Darfst du den Buben doch nicht sagen.
Gleich hör' ich einen auf dem Gange!

[24] Faust.

Mir ist's nicht möglich ihn zu sehn. 1490

Mephistopheles.

Der arme Knabe wartet lange,
Der darf nicht ungetröstet gehn.
325 Komm, gib mir deinen Rock und Mütze;
Die Maske muß mir köstlich stehn.

Er kleidet sich um.

Nun überlaß es meinem Witze! 1495
Ich brauche nur ein Viertelstündchen Zeit;
Indessen mache dich zur schönen Fahrt bereit!

Faust ab.

Mephistopheles in Fausts langem Kleide.

330 Verachte nur Vernunft und Wissenschaft,
Des Menschen allerhöchste Kraft,
Laß nur in Blend= und Zauberwerken 1500
Dich von dem Lügengeist bestärken,
So hab' ich dich schon unbedingt —
335 Ihm hat das Schicksal einen Geist gegeben,
Der ungebändigt immer vorwärts dringt,
Und dessen übereiltes Streben 1505
[25] Der Erde Freuden überspringt.
Den schlepp' ich durch das wilde Leben,
340 Durch flache Unbedeutenheit,
Er soll mir zappeln, starren, kleben,
Und seiner Unersättlichkeit 1510
Soll Speis' und Trank vor gier'gen Lippen schweben;
Er wird Erquickung sich umsonst erflehn,
345 Und hätt' er sich auch nicht dem Teufel übergeben,
Er müßte doch zu Grunde gehn!

Ein Schüler tritt auf.

Schüler.

1515 Ich bin allhier erst kurze Zeit,
Und komme voll Ergebenheit,
Einen Mann zu sprechen und zu kennen,
Den alle mir mit Ehrfurcht nennen.   350

Mephistopheles.

Eure Höflichkeit erfreut mich sehr!
1520 Ihr seht einen Mann wie andre mehr.
Habt ihr euch sonst schon umgethan?

[26] Schüler.

Ich bitt' euch, nehmt euch meiner an.
Ich komme mit allem guten Muth,   355
Leidlichem Geld und frischem Blut,
1525 Meine Mutter wollte mich kaum entfernen,
Möchte gern 'was rechts hieraußen lernen.

Mephistopheles.

Da seyd ihr eben recht am Ort.

Schüler.

Aufrichtig, möchte schon wieder fort: 360
In diesen Mauern, diesen Hallen,
1530 Will es mir keineswegs gefallen.
Es ist ein gar beschränkter Raum,
Man sieht nichts grünes, keinen Baum,
Und in den Sälen, auf den Bänken,   365
Vergeht mir Hören, Sehn und Denken.

Mephistopheles.

1535 Das kommt nur auf Gewohnheit an.
So nimmt ein Kind der Mutter Brust
Nicht gleich im Anfang willig an,
[27] Doch bald ernährt es sich mit Lust.   370
So wird's euch an der Weisheit Brüsten
1540 Mit jedem Tage mehr gelüsten.

Schüler.

An ihrem Hals will ich mit Freuden hangen;
Doch sagt mir nur, wie kann ich hingelangen?

Mephiſtopheles.

375 Erklärt euch, eh' ihr weiter geht,
Was wählt ihr für eine Facultät?

Schüler.

Ich wünſchte recht gelehrt zu werden, 1545
Und möchte gern, was auf der Erden
Und in dem Himmel iſt, erfaſſen,
380 Die Wiſſenſchaft und die Natur.

Mephiſtopheles.

Da ſeyd ihr auf der rechten Spur,
Doch müßt ihr euch nicht zerſtreuen laſſen. 1550

Schüler.

Ich bin dabey mit Seele und Leib;
Doch freylich würde mir behagen
385 [28] Ein wenig Freyheit und Zeitvertreib
An ſchönen Sommerfeiertagen.

Mephiſtopheles.

Gebraucht der Zeit, ſie geht ſo ſchnell von hinnen, 1555
Doch Ordnung lehrt euch Zeit gewinnen.
Mein theurer Freund, ich rath' euch drum
390 Zuerſt Collegium Logicum.
Da wird der Geiſt euch wohl dreſſirt,
In Spaniſche Stiefeln eingeſchnürt, 1560
Daß er bedächtiger ſo fort an
Hinſchleiche die Gedankenbahn,
395 Und nicht etwa die kreuz und quer
Irlichtelire hin und her.
Dann lehret man euch manchen Tag, 1565
Daß, was ihr ſonſt auf einen Schlag
Getrieben, wie Eſſen und Trinken frey,
400 Eins! Zwey! Drey! dazu nöthig ſey.
Zwar iſt's mit der Gedanken=Fabrik
Wie mit einem Weber=Meiſterſtück, 1570
Wo Ein Tritt tauſend Fäden regt,
[29] Die Schifflein herüber hinüber ſchießen,

Die Fäden ungesehen fließen, 405
Ein Schlag tausend Verbindungen schlägt:
1575 Der Philosoph der tritt herein,
Und beweißt euch, es müßt' so seyn.
Das Erst' wär' so, das Zweyte so,
Und drum das Dritt' und Vierte so; 410
Und wenn das Erst' und Zweyt' nicht wär',
1580 Das Dritt' und Viert' wär' nimmermehr.
Das preisen die Schüler aller Orten,
Sind aber keine Weber geworden.
Wer will 'was lebendig's erkennen und beschreiben, 415
Sucht erst den Geist heraus zu treiben,
1585 Dann hat er die Theile in seiner Hand,
Fehlt leider! nur das geistige Band.
Encheiresin naturae nennt's die Chimie!
Spottet ihrer selbst, und weiß nicht wie. 420

Schüler.

Kann euch nicht eben ganz verstehen.

[30] Mephistopheles.

1590 Das wird nächstens schon besser gehen,
Wenn ihr lernt alles reduciren
Und gehörig klassificiren.

Schüler.

Mir wird von allem dem so dumm, 425
Als ging' mir ein Mühlrad im Kopf herum.

Mephistopheles.

1595 Nachher vor allen andern Sachen
Müßt ihr euch an die Metaphysik machen!
Da seht, daß ihr tiefsinnig faßt,
Was in des Menschen Hirn nicht paßt; 430
Für, was drein geht und nicht drein geht,
1600 Ein prächtig Wort zu Diensten steht.
Doch vorerst dieses halbe Jahr
Nehmt ja der besten Ordnung wahr.
Fünf Stunden habt ihr jeden Tag; 435

Seyd drinne mit dem Glockenschlag!
Habt euch vorher wohl präparirt,   1605
Paragraphos wohl einstudirt,
[31] Damit ihr nachher besser seht,
440 Daß er nichts sagt, als was im Buche steht;
Doch euch des Schreibens ja befleißt,
Als dictirt' euch der Heilig' Geist!   1610

Schüler.

Das sollt ihr mir nicht zweymal sagen!
Ich denke mir wie viel es nützt;
445 Denn, was man schwarz auf weiß besitzt,
Kann man getrost nach Hause tragen.

Mephistopheles.

Doch wählt mir eine Facultät!   1615

Schüler.

Zur Rechtsgelehrsamkeit kann ich mich nicht bequemen.

Mephistopheles.

Ich kann es euch so sehr nicht übel nehmen,
450 Ich weiß wie es um diese Lehre steht.
Es erben sich Gesetz' und Rechte,
Wie eine ew'ge Krankheit, fort,   1620
[32] Sie schleppen von Geschlecht sich zum Geschlechte,
Und rücken sacht von Ort zu Ort.
455 Vernunft wird Unsinn, Wohlthat Plage;
Weh dir, daß du ein Enkel bist!
Vom Rechte, das mit uns geboren ist,   1625
Von dem ist leider! nie die Frage.

Schüler.

Mein Abscheu wird durch euch vermehrt.
460 O glücklich der, den ihr belehrt!
Fast möcht' ich nun Theologie studiren.

Mephistopheles.

Ich wünschte nicht euch irre zu führen.   1630
Was diese Wissenschaft betrifft,

Es ist so schwer den falschen Weg zu meiden,
Es liegt in ihr so viel verborgnes Gift,   465
Und von der Arzeney ist's kaum zu unterscheiden.
1635   Am besten ist's auch hier, wenn ihr nur Einen hört,
Und auf des Meisters Worte schwört.
[33] Im Ganzen — haltet euch an Worte!
Dann geht ihr durch die sichre Pforte   470
Zum Tempel der Gewißheit ein.

Schüler.

1640   Doch ein Begriff muß bey dem Worte seyn.

Mephistopheles.

Schon gut! Nur muß man sich nicht allzu ängstlich
quälen,
Denn eben wo Begriffe fehlen,
Da stellt ein Wort zur rechten Zeit sich ein.   475
Mit Worten läßt sich trefflich streiten,
1645   Mit Worten ein System bereiten,
An Worte läßt sich trefflich glauben,
Von einem Wort läßt sich kein Jota rauben.

Schüler.

Verzeiht, ich halt' euch auf mit vielen Fragen,   480
Allein, ich muß euch noch bemüh'n.
1650   Wollt ihr mir von der Medicin
Nicht auch ein kräftig Wörtchen sagen?
Drey Jahr' ist eine kurze Zeit,
Und, Gott! das Feld ist gar zu weit.   485
[34] Wenn man einen Fingerzeig nur hat,
1655   Läßt sich's schon eher weiter fühlen.

Mephistopheles für sich.

Ich bin des trocknen Tons nun satt,
Muß wieder recht den Teufel spielen.
Laut.
Der Geist der Medicin ist leicht zu fassen;   490
Ihr durchstudirt die groß' und kleine Welt,

Um es am Ende gehn zu lassen,   1660
Wie's Gott gefällt.
Vergebens daß ihr ringsum wissenschaftlich schweift,
495 Ein jeder lernt nur was er lernen kann.
Doch der den Augenblick ergreift,
Das ist der rechte Mann.   1665
Ihr seyd noch ziemlich wohl gebaut,
An Kühnheit wird's euch auch nicht fehlen,
500 Und wenn ihr euch nur selbst vertraut,
Vertrauen euch die andern Seelen.
Besonders lernt die Weiber führen;   1670
Es ist ihr ewig Weh und Ach
[35] So tausendfach
505 Aus Einem Puncte zu curiren,
Und wenn ihr halbweg ehrbar thut,
Dann habt ihr sie all' unter'm Hut.   1675
Ein Titel muß sie erst vertraulich machen,
Daß eure Kunst viel Künste übersteigt,
510 Zum Willkomm' tappt ihr dann nach allen Siebensachen,
Um die ein andrer viele Jahre streicht,
Versteht das Pülslein wohl zu drücken,   1680
Und fasset sie, mit feurig schlauen Blicken,
Wohl um die schlanke Hüfte frey,
515 Zu seh'n, wie fest geschnürt sie sey.

Schüler.

Das sieht schon besser aus! Man sieht doch wo und wie.

Mephistopheles.

Grau, theurer Freund, ist alle Theorie,   1685
Und grün des Lebens goldner Baum.

[36] Schüler.

Ich schwör' euch zu, mir ist's als wie ein Traum.
520 Dürft' ich euch wohl ein andermal beschweren,
Von eurer Weisheit auf den Grund zu hören?

Mephistopheles.

Was ich vermag, soll gern geschehn.   1690

Schüler.

Ich kann unmöglich wieder gehn,
Ich muß euch noch mein Stammbuch überreichen.
Gönn' eure Gunst mir dieses Zeichen!   525

Mephistopheles.

Sehr wohl.

Er schreibt und gibt's.

Schüler lies't.

1695   Eritis sicut Deus scientes bonum et malum.

Macht's ehrerbiethig zu und empfiehlt sich.

[37] Mephistopheles.

Folg' nur dem alten Spruch und meiner Muhme der
Schlange,
Dir wird gewiß einmal bey deiner Gottähnlichkeit bange!

Faust tritt auf.

Faust.

Wohin soll es nun gehn?

Mephistopheles.

Wohin es dir gefällt.   530
Wir sehn die kleine, dann die große Welt.
1700   Mit welcher Freude, welchem Nutzen,
Wirst du den Cursum durchschmarutzen!

Faust.

Allein mit meinem langen Bart
Fehlt mir die leichte Lebensart.   535
Es wird mir der Versuch nicht glücken;
1705   Ich wußte nie mich in die Welt zu schicken.
Vor andern fühl' ich mich so klein;
Ich werde stets verlegen seyn.

[38] Mephistopheles.

Mein guter Freund, das wird sich alles geben,   540
Sobald du dir vertraust, sobald weißt du zu leben.

Fauſt.

Wie kommen wir denn aus dem Haus?   1710
Wo haſt du Pferde, Knecht und Wagen?

Mephiſtopheles.

Wir breiten nur den Mantel aus,
545 Der ſoll uns durch die Lüfte tragen.
Du nimmſt bey dieſem kühnen Schritt
Nur keinen großen Bündel mit.   1715
Ein Bißchen Feuerluft, die ich bereiten werde,
Hebt uns behend von dieſer Erde.
550 Und ſind wir leicht, ſo geht es ſchnell hinauf;
Ich gratulire dir zum neuen Lebenslauf.

---

[39] **Auerbachs Keller in Leipzig.**

Zeche luſtiger Geſellen.

Froſch.

Will keiner trinken? keiner lachen?   1720
Ich will euch lehren Geſichter machen!
Ihr ſeyd ja heut wie naſſes Stroh,
555 Und brennt ſonſt immer lichterloh.

Brander.

Das liegt an dir; du bringſt ja nichts herbey,
Nicht eine Dummheit, keine Saurerey.   1725

Froſch gießt ihm ein Glas Wein über den Kopf.
Da haſt du beydes.

[40] **Brander.**
Doppelt Schwein!

Froſch.
Ihr wollt' es ja, man ſoll es ſeyn!

Siebel.

560 Zur Thür hinaus wer ſich entzweyt!
Mit offner Bruſt ſingt Runda, ſauft und ſchreyt!
Auf! Holla! ho!   1730

Altmayer.

Weh mir, ich bin verloren!
Baumwolle her! der Kerl sprengt mir die Ohren.

Siebel.

Wenn das Gewölbe wiederschallt,
Fühlt man erst recht des Basses Grundgewalt.   565

Frosch.

So recht, hinaus mit dem der etwas übel nimmt!
1735   A! tara lara da!

[41] **Altmayer.**

A! tara lara da!

Frosch.

Die Kehlen sind gestimmt.

Singt.

Das liebe, heil'ge Röm'sche Reich,
Wie hält's nur noch zusammen?   570

Brander.

Ein garstig Lied! Pfuy! ein politisch Lied
1740   Ein leidig Lied! Dankt Gott mit jedem Morgen,
Daß ihr nicht braucht für's Röm'sche Reich zu sorgen!
Ich halt' es wenigstens für reichlichen Gewinn,
Daß ich nicht Kaiser oder Kanzler bin.   575
Doch muß auch uns ein Oberhaupt nicht fehlen;
1745   Wir wollen einen Papst erwählen.
Ihr wißt, welch eine Qualität
Den Ausschlag gibt, den Mann erhöht.

[42] **Frosch** *singt.*

Schwing' dich auf, Frau Nachtigall,   580
Grüß' mir mein Liebchen zehentausendmal.

Siebel.

1750   Dem Liebchen keinen Gruß! ich will davon nichts hören!

Frosch.

Dem Liebchen Gruß und Kuß! du wirst mir's nicht
verwehren!

Singt.

Riegel auf! in stiller Nacht.
585   Riegel auf! der Liebste wacht.
Riegel zu! des Morgens früh.

Siebel.

Ja, singe, singe nur, und lob' und rühme sie; 1755
Ich will zu meiner Zeit schon lachen.
Sie hat mich angeführt, dir wird sie's auch so machen.
590   Zum Liebsten sey ein Kobold ihr bescheert,
[43] Der mag mit ihr auf einem Kreuzweg schäfern;
Ein alter Bock, wenn er vom Blocksberg kehrt, 1760
Mag im Galopp noch gute Nacht ihr meckern!
Ein braver Kerl von echtem Fleisch und Blut,
595   Ist für die Dirne viel zu gut.
Ich will von keinem Gruße wissen,
Als ihr die Fenster eingeschmissen! 1765

Brander auf den Tisch schlagend.

Paßt auf! paßt auf! Gehorchet mir!
Ihr Herrn gesteht, ich weiß zu leben,
600   Verliebte Leute sitzen hier,
Und diesen muß, nach Standsgebühr,
Zur guten Nacht ich was zum Besten geben. 1770
Gebt Acht! Ein Lied vom neu'sten Schnitt!
Und singt den Rundreim kräftig mit.

Er singt.

605   Es war eine Ratt' im Kellernest,
Lebte nur von Fett und Butter,
Hatte sich ein Ränzlein angemäst, 1775
Als wie der Doctor Luther.
[44] Die Köchinn hatt' ihr Gift gestellt,
610   Da ward's so eng' ihr in der Welt,
Als hätte sie Lieb' im Leibe.

Chorus jauchzend.

Als hätte sie Lieb' im Leibe. 1780

Brander.

Sie fuhr herum, sie fuhr heraus,
Und soff aus allen Pfützen,
Zernagt', zerkratzt' das ganze Haus,   615
Wollte nichts ihr Wüthen nützen,
1785   Sie thät gar manchen Ängstesprung,
Bald hatte das arme Thier genung,
Als hätt' es Lieb' im Leibe.

Chorus.

Als hätt' es Lieb' im Leibe.   620

Brander.

Sie kam für Angst am hellen Tag
1790   Der Küche zugelaufen,
Fiel an den Herd und zuckt' und lag,
Und thät erbärmlich schnaufen.
[45] Da lachte die Vergisterin noch: 625
Ha! sie pfeift auf dem letzten Loch,
1795   Als hätte sie Lieb' im Leibe.

Chorus.

Als hätte sie Lieb' im Leibe.

Siebel.

Wie sich die platten Bursche freuen!
Es ist mir eine rechte Kunst,   630
Den armen Ratten Gift zu streuen!

Brander.

1800   Sie steh'n wohl sehr in deiner Gunst?

Altmayer.

Der Schmerbauch mit der kahlen Platte!
Das Unglück macht ihn zahm und mild;
Er sieht in der geschwollnen Ratte   635
Sein ganz natürlich Ebenbild.

[46] **Faust** und **Mephistopheles.**

Mephistopheles.

1805   Ich muß dich nun vor allen Dingen

In lustige Gesellschaft bringen,
Damit du siehst, wie leicht sich's leben läßt.
640   Dem Volke hier wird jeder Tag ein Fest.
Mit wenig Witz und viel Behagen
Dreht jeder sich im engen Zirkeltanz,   1810
Wie junge Katzen mit dem Schwanz.
Wenn sie nicht über Kopfweh klagen,
645   So lang' der Wirth nur weiter borgt,
Sind sie vergnügt und unbesorgt.

Brander.

Die kommen eben von der Reise,   1815
Man sieht's an ihrer wunderlichen Weise;
Sie sind nicht eine Stunde hier.

Frosch.

650   Wahrhaftig du hast Recht! Mein Leipzig lob' ich mir!
Es ist ein klein Paris, und bildet seine Leute.

[47] Siebel.

Für was siehst du die Fremden an?   1820

Frosch.

Laß mich nur gehn; bey einem vollen Glase,
Zieh' ich, wie einen Kinderzahn,
655   Den Burschen leicht die Würmer aus der Nase.
Sie scheinen mir aus einem edlen Haus,
Sie sehen stolz und unzufrieden aus.   1825

Brander.

Marktschreyer sind's gewiß, ich wette!

Altmayer.

Vielleicht!

Frosch.

Gib Acht, ich schraube sie.

Mephistopheles zu Faust.

660   Den Teufel spürt das Völkchen nie,
Und wenn er sie bey'm Kragen hätte.

Fauſt.

1830 Seyd uns gegrüßt, ihr Herrn!

[48] Siebel.

Viel Dank zum Gegengruß.

Leiſe, Mephiſtopheles von der Seite anſehend.

Was hinkt der Kerl auf Einem Fuß?

Mephiſtopheles.

Iſt es erlaubt uns auch zu euch zu ſetzen?
Statt eines guten Trunks, den man nicht haben kann, 665
Soll die Geſellſchaft uns ergetzen.

Altmayer.

1835 Ihr ſcheint ein ſehr verwöhnter Mann.

Froſch.

Ihr ſeyd wohl ſpät von Rippach aufgebrochen?
Habt ihr mit Herren Hans noch erſt zu Nacht geſpeiſ't?

Mephiſtopheles.

Heut ſind wir ihn vorbey gereiſ't; 670
Wir haben ihn das letztemal geſprochen.
1840 [49] Von ſeinen Vettern wußt' er viel zu ſagen,
Viel Grüße hat er uns an jeden aufgetragen.

Er neigt ſich gegen Froſch.

Altmayer leiſe.

Da haſt du's! Der verſteht's!

Siebel.

Ein pfiffiger Patron!

Froſch.

Nun, warte nur, ich krieg' ihn ſchon. 675

Mephiſtopheles.

Wenn ich nicht irrte, hörten wir
1845 Geübte Stimmen Chorus ſingen?
Gewiß, Geſang muß trefflich hier
Von dieſer Wölbung wieder klingen!

Frosch.

680 Seyd ihr wohl gar ein Virtuos?

Mephistopheles.

O nein! Die Kraft ist schwach, allein die Lust ist groß.

[50] **Altmayer.**

Gebt uns ein Lied!

Mephistopheles.

      Wenn ihr begehrt, die Menge. 1850

Siebel.

Nur auch ein nagelneues Stück!

Mephistopheles.

Wir kommen erst aus Spanien zurück,
685 Dem schönen Land des Weins und der Gesänge.

Singt.

    Es war einmal ein König,
    Der hatt' einen großen Floh — 1855

Frosch.

Horcht! Einen Floh! Habt ihr das wohl gefaßt?
Ein Floh ist mir ein saub'rer Gast.

Mephistopheles *singt.*

690   Es war einmal ein König,
    Der hatt' einen großen Floh,
[51]   Den liebt' er gar nicht wenig, 1860
    Als wie seinen eignen Sohn.
    Da rief er seinen Schneider,
695   Der Schneider kam heran.
    Da miß dem Junker Kleider,
    Und miß ihm Hosen an. 1865

Brander.

Vergeßt nur nicht dem Schneider einzuschärfen,
Daß er mir auf's genauste mißt,
700 Und daß, so lieb sein Kopf ihm ist,
Die Hosen keine Falten werfen!

Mephistopheles.

In Sammet und in Seide
War er nun angethan,
Hatte Bänder auf dem Kleide,
Hatt' auch ein Kreuz daran,
Und war sogleich Minister,
Und hatt' einen großen Stern.
Da wurden seine Geschwister
Bey Hof' auch große Herrn.

[52] Und Herrn und Frau'n am Hofe,
Die waren sehr geplagt,
Die Königinn und die Zofe
Gestochen und genagt,
Und durften sie nicht knicken,
Und weg sie jucken nicht.
Wir knicken und ersticken
Doch gleich wenn einer sticht.

Chorus jauchzend.

Wir knicken und ersticken
Doch gleich wenn einer sticht.

Frosch.

Bravo! Bravo! das war schön!

Siebel.

So soll es jedem Floh ergehn!

Brander.

Spitzt die Finger und packt sie fein!

Altmayer.

Es lebe die Freyheit! Es lebe der Wein!

[53] Mephistopheles.

Ich tränke gern ein Glas, die Freyheit hoch zu ehren,
Wenn eure Weine nur ein Bißchen besser wären.

Siebel.

Wir mögen das nicht wieder hören.

Mephistopheles.

Ich fürchte nur der Wirth beschweret sich,   1895
Sonst gäb' ich diesen werthen Gästen
Aus unserm Keller 'was zum Besten.

Siebel.

730   Nur immer her, ich nehm's auf mich.

Frosch.

Schafft ihr ein gutes Glas, so wollen wir euch loben.
Nur gebt nicht gar zu kleine Proben;   1900
Denn wenn ich judiciren soll,
Verlang' ich auch das Maul recht voll.

[54] Altmayer leise.

735   Sie sind vom Rheine, wie ich spüre.

Mephistopheles.

Schafft einen Bohrer an.

Brander.

           Was soll mit dem geschehn?
Ihr habt doch nicht die Fässer vor der Thüre?   1905

Altmayer.

Dahinten hat der Wirth ein Körbchen Werkzeug stehn.

Mephistopheles nimmt den Bohrer. Zu Frosch.

Nun sagt, was wünschet ihr zu schmecken?

Frosch.

740   Wie meint ihr das? Habt ihr so mancherley?

Mephistopheles.

Ich stell' es einem jeden frey.

[55] Altmayer zu Frosch.

Aha! du fängst schon an die Lippen abzulecken.   1910

Frosch.

Gut, wenn ich wählen soll, so will ich Rheinwein haben.
Das Vaterland verleiht die allerbesten Gaben.

Mephistopheles indem er an dem Platz, wo Frosch sitzt, ein Loch
in den Tischrand bohrt.

Verschafft ein wenig Wachs, die Pfropfen gleich zu machen. 745

Altmayer.

Ach das sind Taschenspielersachen.

Mephistopheles zu Brander.

1915   Und ihr?

Brander.

Ich will Champagner Wein,
Und recht mussirend soll er sehn!

[56] Mephistopheles bohrt, einer hat indessen die Wachspfropfen
gemacht und verstopft.

Brander.

Man kann nicht stets das Fremde meiden,
Das Gute liegt uns oft so fern.   750
Ein echter Deutscher Mann mag keinen Franzen leiden,
1920   Doch ihre Weine trinkt er gern.

Siebel indem sich Mephistopheles seinem Platze nähert.

Ich muß gestehn, den sauren mag ich nicht,
Gebt mir ein Glas vom echten süßen!

Mephistopheles bohrt.   755

Euch soll sogleich Tokayer fließen.

Altmayer.

Nein, Herren, seht mir in's Gesicht!
1925   Ich seh' es ein, ihr habt uns nur zum Besten.

[57] **Mephistopheles.**

Ey! Ey! Mit solchen edlen Gästen
Wär' es ein Bißchen viel gewagt.
Geschwind! Nur g'rad' heraus gesagt!   760
Mit welchem Weine kann ich dienen?

Altmayer.

1930   Mit jedem! Nur nicht lang' gefragt.

Nachdem die Löcher alle gebohrt und verstopft sind, **Mephistopheles** mit seltsamen Geberden.

Trauben trägt der Weinstock!

Hörner der Ziegenbock;
765   Der Wein ist saftig, Holz die Reben,
        Der hölzerne Tisch kann Wein auch geben.
        Ein tiefer Blick in die Natur!   1935
        Hier ist ein Wunder glaubet nur!
    Nun zieht die Propfen und genießt.

Alle indem sie die Pfropfen ziehen, und jedem der verlangte
Wein in's Glas läuft.

770   O schöner Brunnen, der uns fließt!

[58] Mephistopheles.

Nur hütet euch, daß ihr mir nichts vergießt.
        Sie trinken wiederhohlt.

Alle singen.

Uns ist ganz kannibalisch wohl,   1940
Als wie fünf hundert Säuen.

Mephistopheles.

Das Volk ist frey, seht an, wie wohl's ihm geht!

Faust.

775   Ich hätte Lust nun abzufahren.

Mephistopheles.

Gib nur erst Acht, die Bestialität
Wird sich gar herrlich offenbaren.   1945

Siebel trinkt unvorsichtig, der Wein fließt auf die Erde, und
wird zur Flamme.

Helft! Feuer! helft! Die Hölle brennt!

Mephistopheles die Flamme besprechend.

Sey ruhig, freundlich Element!
        [59] Zu dem Gesellen.

780   Für dießmal war es nur ein Tropfen Fegefeuer.

Siebel.

Was soll das seyn? Wart! ihr bezahlt es theuer!
Es scheinet, daß ihr uns nicht kennt.   1950

Frosch.

Laß er uns das zum zweytenmale bleiben!

Altmayer.

Ich dächt' wir hießen ihn ganz sachte seitwärts gehn.

Siebel.

Was Herr? Er will sich unterstehn, 785
Und hier sein Hokuspokus treiben?

Mephistopheles.

1955 Still, altes Weinfaß!

Siebel.

Besenstiel!
Du willst uns gar noch grob begegnen?

[60] Brander.

Wart nur! es sollen Schläge regnen.

Altmayer zieht einen Pfropf aus dem Tisch, es springt ihm
Feuer entgegen.

Ich brenne! ich brenne!

Siebel.

Zauberey! 790
Stoßt zu! Der Kerl ist vogelfrey!
Sie ziehen die Messer und gehn auf Mephistopheles los.

Mephistopheles mit ernsthafter Geberde.

1960 Falsch Gebild und Wort
Verändern Sinn und Ort!
Seyd hier und dort!
Sie stehn erstaunt und sehn einander an.

Altmayer.

Wo bin ich? Welches schöne Land! 795

Frosch.

Weinberge! Seh' ich recht?

Siebel.

Und Trauben gleich zur Hand!

[61] Brander.

Hier, unter diesem grünen Laube, 1965
Seht, welch ein Stock! Seht, welche Traube!

Er faßt Siebeln bey der Nase, die andern thun es wechselseitig und heben die Messer.

Mephistopheles wie oben.

Irrthum, laß los der Augen Band!
800 Und merkt euch, wie der Teufel spaße.

Er verschwindet mit Faust, die Gesellen fahren aus einander.

Siebel.

Was gibt's?

Altmayer.

Wie?

Frosch.

War das deine Nase?

Brander zu Siebel.

Und deine hab' ich in der Hand! 1970

Altmayer.

Es war ein Schlag, der ging durch alle Glieder!
Schafft einen Stuhl, ich sinke nieder.

[62] Frosch.

805 Nein, sagt mir nur, was ist geschehn?

Siebel.

Wo ist der Kerl? Wenn ich ihn spüre,
Er soll mir nicht lebendig gehn! 1975

Altmayer.

Ich hab' ihn selbst hinaus zur Kellerthüre
Auf einem Fasse reiten sehn — · —
810 Es liegt mir bleyschwer in den Füßen.

Sich nach dem Tische wendend.

Mein! Sollte wohl der Wein noch fließen?

Siebel.

Betrug war alles, Lug und Schein. 1980

Frosch.

Mir däuchte doch als tränk' ich Wein.

Brander.

Aber wie war es mit den Trauben?

Altmayer.

Nun sag' mir eins, man soll kein Wunder glauben! 815

---

[63] ## Hexenküche.

Auf einem niedrigen Herde steht ein großer Kessel über dem Feuer. In dem Dampfe, der davon in die Höhe steigt, zeigen sich verschiedne Gestalten. Eine Meerkatze sitzt bey dem Kessel und schäumt ihn, und sorgt, daß er nicht überläuft. Der Meer-kater mit den Jungen sitzt darneben und wärmt sich. Wände und Decke sind mit dem seltsamsten Hexenhausrath ausgeschmückt.

Faust. Mephistopheles.

Faust.

Mir widersteht das tolle Zauberwesen!
1985 Versprichst du mir, ich soll genesen,
In diesem Wust von Raserey?
Verlang' ich Rath von einem alten Weibe?
[64] Und schafft die Sudelköcherey   820
Wohl dreyßig Jahre mir vom Leibe?
1990 Weh mir, wenn du nichts bessers weißt!
Schon ist die Hoffnung mir verschwunden.
Hat die Natur und hat ein edler Geist
Nicht irgend einen Balsam ausgefunden?   825

Mephistopheles.

Mein Freund, nun sprichst du wieder klug!
1995 Dich zu verjüngen, gibt's auch ein natürlich Mittel;
Allein es steht in einem andern Buch,
Und ist ein wunderlich Kapitel.

Faust.

Ich will es wissen.   830

3*

Mephistopheles.

Gut! Ein Mittel, ohne Geld
Und Arzt und Zauberey zu haben:
Begib dich gleich hinaus auf's Feld,   2000
Fang' an zu hacken und zu graben,
Erhalte dich und deinen Sinn
835 [65] In einem ganz beschränkten Kreise,
Ernähre dich mit ungemischter Speise,
Leb' mit dem Vieh als Vieh, und acht' es nicht für Raub, 2005
Den Acker, den du erndest, selbst zu düngen;
Das ist das beste Mittel, glaub'!
840   Auf achtzig Jahr dich zu verjüngen.

Faust.

Das bin ich nicht gewöhnt, ich kann mich nicht bequemen,
Den Spaten in die Hand zu nehmen,   2010
Das enge Leben steht mir gar nicht an.

Mephistopheles.

So muß denn doch die Hexe dran.   2012
            Die Thiere erblickend.
845   Sieh, welch ein zierliches Geschlecht!   2025
Das ist die Magd! Das ist der Knecht!
            Zu den Thieren.
Es scheint die Frau ist nicht zu Hause?

[66] Die Thiere.

Bey'm Schmause,
Aus dem Haus
850   Zum Schorstein hinaus!   2030

Mephistopheles.

Wie lange pflegt sie wohl zu schwärmen?

Die Thiere.

So lang' wir uns die Pfoten wärmen.

Mephistopheles zu Faust.

Wie findest du die zarten Thiere?

Fauſt.

So abgeſchmackt, als ich nur etwas ſah!

Mephiſtopheles.

2035 Nein, ein Discurs wie dieſer da,   855
2036 Iſt g'rade der, den ich am liebſten führe.

Der Kater macht ſich herbey und ſchmeichelt dem Mephiſtopheles.

2041 O würfle nur gleich,
Und mache mich reich,
[67] Und laß mich gewinnen!
Gar ſchlecht iſt's beſtellt,   860
2045 Und wär' ich bey Geld,
So wär' ich bey Sinnen.

Mephiſtopheles.

Wie glücklich würde ſich der Affe ſchätzen,
Könnt' er nur auch in's Lotto ſetzen!

*Indeſſen haben die jungen Meerkätzchen mit einer großen Kugel
geſpielt, und rollen ſie hervor.*

Der Kater.

Das iſt die Welt;   865
2050 Sie ſteigt und fällt
Und rollt beſtändig;
Sie klingt wie Glas;
Wie bald bricht das?
Iſt hohl inwendig.   870
2055 Hier glänzt ſie ſehr,
Und hier noch mehr,
Ich bin lebendig!
Mein lieber Sohn,
Halt dich davon!   875
2060 [68] Du mußt ſterben!
Sie iſt von Thon,
Es gibt Scherben.

Mephiſtopheles.

Was ſoll das Sieb?

Der Kater holt es herunter.

850 Wärst du ein Dieb,
Wollt' ich dich gleich erkennen.   2065

Er läuft zur Kätzinn und läßt sie durchsehen.

Sieh durch das Sieb!
Erkennst du den Dieb,
Und darfst ihn nicht nennen?

Mephistopheles sich dem Feuer nähernd.

855 Und dieser Topf?

Kater und Kätzinn.

Der alberne Tropf!   2070
Er kennt nicht den Topf,
Er kennt nicht den Kessel!

[69] Mephistopheles.

Unhöfliches Thier!

Der Kater.

890 Den Wedel nimm hier
Und setz' dich in Sessel!   2075

Er nöthigt den Mephistopheles zu sitzen.

Faust, welcher diese Zeit über vor einem Spiegel gestanden, sich
ihm bald genähert, bald sich von ihm entfernt hat.

Was seh' ich? Welch ein himmlisch Bild
Zeigt sich in diesem Zauberspiegel!
O Liebe, leihe mir den schnellsten deiner Flügel,
895 Und führe mich in ihr Gefild.
Ach wenn ich nicht auf dieser Stelle bleibe,   2080
Wenn ich es wage nah' zu gehn,
Kann ich sie nur als wie im Nebel sehn! —
Das schönste Bild von einem Weibe!
900 Ist's möglich, ist das Weib so schön?
Muß ich an diesem hingestreckten Leibe   2085
Den Inbegriff von allen Himmeln sehn?
So etwas findet sich auf Erden?

[70] Mephistopheles.

Natürlich, wenn ein Gott sich erst sechs Tage plagt,

Und selbst am Ende Bravo sagt,   905

2090   Da mußt' es 'was gescheidtes werden.

Für dießmal sieh dich immer satt;

Ich weiß dir so ein Schätzchen auszuspüren,

Und selig wer das gute Schicksal hat,

Als Bräutigam sie heim zu führen!   910

Faust sieht immerfort in den Spiegel. Mephistopheles, sich in
den Sessel dehnend und mit dem Wedel spielend, fährt fort zu sprechen.

2095   Hier sitz' ich wie der König auf dem Throne,

Den Zepter halt ich hier, es fehlt nur noch die Krone.

Die Thiere, welche bisher allerley wunderliche Bewegungen durch
einander gemacht haben, bringen dem Mephistopheles eine zer-
brochne Krone mit großem Geschrey.

O sey doch so gut,

Mit Schweiß und mit Blut

Die Krone zu leimen!   915

[71] Sie gehn ungeschickt mit der Krone um und zerbrechen sie in
zwey Stücke, mit welchen sie herum springen.

2100   Nun ist es geschehn!

Wir reden und sehn,

Wir hören und reimen;

Faust gegen den Spiegel.

Weh mir! ich werde schier verrückt.

Mephistopheles auf die Thiere deutend.

Nun fängt mir an fast selbst der Kopf zu schwanken. 920

Die Thiere.

2105   Und wenn es uns glückt,

Und wenn es sich schickt,

So sind es Gedanken!

Faust wie oben.

Mein Busen fängt mir an zu brennen!

Entfernen wir uns nur geschwind!   925

[72] Mephistopheles in obiger Stellung.

2110   Nun wenigstens muß man bekennen,

Daß es aufrichtige Poeten sind.

Der Kessel, welchen die Kätzinn bisher außer Acht gelassen, fängt
an überzulaufen; es entsteht eine große Flamme, welche zum
Schorstein hinausschlägt. Die Hexe kommt durch die Flamme
mit entsetzlichem Geschrey' herunter gefahren.

Die Hexe.

Au! Au! Au! Au!
Verdammtes Thier! verfluchte Sau!
930   Versäumst den Kessel, versengst die Frau!
Verfluchtes Thier!   2115

Faust und Mephistopheles erblickend.

Was ist das hier?
Wer seyd ihr hier?
Was wollt ihr da?
935   Wer schlich sich ein?
Die Feuerpein   2120
Euch in's Gebein!

[73] Sie fährt mit dem Schaumlöffel in den Kessel, und spritzt
Flammen nach Faust, Mephistopheles und den Thieren. Die
Thiere winseln.

Mephistopheles, welcher den Wedel, den er in der Hand hält,
umkehrt, und unter die Gläser und Töpfe schlägt.

Entzwey! entzwey!
Da liegt der Brey,
940   Da liegt das Glas!
Es ist nur Spaß,   2125
Der Tact, du Aas,
Zu deiner Melodey!

Indem die Hexe voll Grimm und Entsetzen zurücktritt.

Erkennst du mich, Gerippe! Scheusal du!
945   Erkennst du deinen Herrn und Meister?
Was hält mich ab, so schlag' ich zu,   2130
Zerschmettre dich und deine Katzen=Geister!
Hast du vor'm rothen Wamms nicht mehr Respect?
Kannst du die Hahnenfeder nicht erkennen?
950   Hab' ich dieß Angesicht versteckt?
Soll ich mich etwa selber nennen?   2135

[74] Die Hexe.

O Herr, verzeiht den rohen Gruß!
Seh' ich doch keinen Pferdefuß.
Wo sind denn eure beyden Raben?

Mephistopheles.

Für dießmal kommst du so davon;   955
Denn freylich ist es eine Weile schon,
Daß wir uns nicht gesehen haben.
Auch die Cultur, die alle Welt beleckt,
Hat auf den Teufel sich erstreckt;
Das Nordische Phantom ist nun nicht mehr zu schauen,   960
Wo siehst du Hörner, Schweif und Klauen?
Und was den Fuß betrifft, den ich nicht missen kann,
Der würde mir bey Leuten schaden;
Darum bedien' ich mich, wie mancher junge Mann,
Seid vielen Jahren falscher Waden.   965

Die Hexe tanzend.

Sinn und Verstand verlier' ich schier,
Seh' ich den Junker Satan wieder hier!

[75] Mephistopheles.

Den Nahmen, Weib, verbitt' ich mir.

Die Hexe.

Warum? Was hat er euch gethan?

Mephistopheles.

Er ist schon lang' in's Fabelbuch geschrieben;   970
Allein die Menschen sind nichts besser dran,
Den Bösen sind sie los, die Bösen sind geblieben.
Du nennst mich Herr Baron, so ist die Sache gut:
Ich bin ein Cavalier, wie andre Cavaliere.
Du zweifelst nicht an meinem edlen Blut;   975
Sieh her, das ist das Wapen, das ich führe.

Er macht eine unanständige Geberde.

Die Hexe lacht unmäßig.

Ha! Ha! Das ist in eurer Art!
Ihr seyd ein Schelm, wie ihr nur immer wart!

2140
2145
2150
2155
2160

[76] **Mephistopheles** zu Faust.

980   Mein Freund, das lerne wohl verstehn!
Dieß ist die Art mit Hexen umzugehn.

Die Hexe.

Nun sagt, ihr Herren, was ihr schafft.   2165

Mephistopheles.

Ein gutes Glas von dem bekannten Saft!
Doch muß ich euch um's ält'ste bitten;
Die Jahre doppeln seine Kraft.

Die Hexe.

985   Gar gern! Hier hab' ich eine Flasche,
Aus der ich selbst zuweilen nasche,   2170
Die auch nicht mehr im mind'sten stinkt;
Ich will euch gern ein Gläschen geben.

Leise.

Doch wenn es dieser Mann unvorbereitet trinkt,
990   So kann er, wißt ihr wohl, nicht eine Stunde leben.

[77] **Mephistopheles.**

Es ist ein guter Freund, dem es gedeihen soll;   2175
Ich gönn' ihm gern das beste deiner Küche.
Zieh deinen Kreis, sprich deine Sprüche,
Und gib ihm eine Tasse voll!

Die Hexe mit seltsamen Geberden, zieht einen Kreis und stellt
wunderbare Sachen hinein; indessen fangen die Gläser an zu
klingen, die Kessel zu tönen, und machen Musik. Zuletzt bringt
sie ein großes Buch, stellt die Meerkatzen in den Kreis, die ihr
zum Pult dienen und die Fackel halten müssen. Sie winkt Fausten,
zu ihr zu treten.

Faust zu Mephistopheles.

995   Nein! sage mir, was soll das werden?
Das tolle Zeug, die rasenden Geberden,   2180
Der abgeschmackteste Betrug,
Sind mir bekannt, verhaßt genug.

Mephistopheles.

Ey Possen! Das ist nur zum Lachen;
1000   Sey nur nicht ein so strenger Mann!

2185 [78] Sie muß als Arzt ein Hokuspokus machen,
    Damit der Saft dir wohl gedeihen kann.

Er nöthigt Fausten in den Kreis zu treten. Die Hexe mit
großer Emphase fängt an aus dem Buche zu declamiren.
Du mußt verstehn!
Aus Eins mach' Zehn,
Und Zwey laß gehn,   1005
2190 Und Drey mach' gleich,
So bist du reich.
Verlier' die Vier,
Aus Fünf und Sechs,
So sagt die Hex',   1010
2195 Mach' Sieben und Acht,
So ist's vollbracht:
Und Neun ist Eins,
Und Zehn ist keins.
Das ist das Hexen-Einmal-Eins!   1015

Faust.

2200 Mich dünkt, die Alte spricht im Fieber.

[79] Mephistopheles.

Das ist noch lange nicht vorüber,
Ich kenn' es wohl, so klingt das ganze Buch;
Ich habe manche Zeit damit verloren,
Denn ein vollkommner Widerspruch   1020
2205 Bleibt gleich geheimnißvoll für Kluge wie für Thoren.
Mein Freund, die Kunst ist alt und neu.
Es war die Art zu allen Zeiten,
Durch Drey und Eins, und Eins und Drey
Irrthum statt Wahrheit zu verbreiten.   1025
2210 So schwätzt und lehrt man ungestört!
Wer will sich mit den Narr'n befassen?
Gewöhnlich glaubt der Mensch, wenn er nur Worte hört,
Es müsse sich dabey doch auch was denken lassen.

Die Hexe fährt fort.

    Die hohe Kraft   1030
2215   Der Wissenschaft,

Der ganzen Welt verborgen!
[80] Und wer nicht denkt,
Dem wird sie geschenkt,
1035 Er hat sie ohne Sorgen.

Fauſt.

Was ſagt ſie uns für Unſinn vor?   2220
Es wird mir gleich der Kopf zerbrechen.
Mich dünkt, ich hör' ein ganzes Chor
Von hundert tauſend Narren ſprechen.

Mephiſtopheles.

1040 Genug, genug, o treffliche Sybille!
Gib deinen Trank herbey, und fülle   2225
Die Schale raſch bis an den Rand hinan;
Denn meinem Freund wird dieſer Trunk nicht ſchaden:
Er iſt ein Mann von vielen Graden,
1045 Der manchen guten Schluck gethan.

Die Hexe mit vielen Ceremonien, ſchenkt den Trank in eine
Schale; wie ſie Fauſt an den Mund bringt, entſteht eine leichte
Flamme.

[81] **Mephiſtopheles.**

Nur friſch hinunter! Immer zu!   2230
Es wird dir gleich das Herz erfreuen.
Biſt mit dem Teufel du und du,
Und willſt dich vor der Flamme ſcheuen?

Die Hexe löſ't den Kreis. Fauſt tritt heraus.

Mephiſtopheles.

1050 Nun friſch hinaus! Du darfſt nicht ruhn.

Die Hexe.

Mög' euch das Schlückchen wohl behagen!   2235

Mephiſtopheles zur Hexe.

Und kann ich dir 'was zu Gefallen thun,
So darfſt du mir's nur auf Walpurgis ſagen.

Die Hexe.

Hier iſt ein Lied! wenn ihr's zuweilen ſingt,
1055 So werdet ihr beſondre Wirkung ſpüren.

[82] **Mephistopheles** zu Faust.

2240   Komm nur geschwind und laß dich führen,
Du mußt nothwendig transpiriren,
Damit die Kraft durch inn= und äußres dringt.
Den edlen Müßiggang lehr' ich hernach dich schätzen,
Und bald empfindest du mit innigem Ergetzen,   1060
2245   Wie sich Cupido regt und hin und wieder springt.

Faust.

Laß mich nur schnell noch in den Spiegel schauen!
Das Frauenbild war gar zu schön!

Mephistopheles.

Nein! Nein! Du sollst das Muster aller Frauen
Nun bald leibhaftig vor dir seh'n.   1065

Leise.

2250   Du siehst, mit diesem Trank im Leibe,
Bald Helenen in jedem Weibe.

---

[83] **Straße.**

Faust. Margarethe vorüber gehend.

Faust.

Mein schönes Fräulein, darf ich wagen,
Meinen Arm und Geleit Ihr anzutragen?

Margarethe.

Bin weder Fräulein, weder schön,   1070
2255   Kann ungeleitet nach Hause gehn.
       Sie macht sich los und ab.

Faust.

Bey'm Himmel, dieses Kind ist schön!
So etwas hab' ich nie gesehn.
Sie ist so sitt= und tugendreich,
Und etwas schnippisch doch zugleich.   1075
2260   Der Lippe Roth, der Wange Licht,
Die Tage der Welt vergeß' ich's nicht!

Wie sie die Augen niederschlägt,
Hat tief sich in mein Herz geprägt;
1080 Wie sie kurz angebunden war,
Das ist nun zum Entzücken gar! 2265

[84] **Mephistopheles** tritt auf.

Faust.

Hör, du mußt mir die Dirne schaffen!

Mephistopheles.

Nun, welche?

Faust.

Sie ging just vorbey.

Mephistopheles.

Da die? Sie kam von ihrem Pfaffen,
1085 Der sprach sie aller Sünden frey;
Ich schlich mich hart am Stuhl vorbey. 2270
Es ist ein gar unschuldig Ding,
Das eben für nichts zur Beichte ging;
Über die hab' ich keine Gewalt!

Faust.

1090 Ist über vierzehn Jahr doch alt.

Mephistopheles.

Du sprichst ja wie Hans Liederlich, 2275
Der begehrt jede liebe Blum' für sich,
[85] Und dünkelt ihm, es wär' kein' Ehr'
Und Gunst die nicht zu pflücken wär';
1095 Geht aber doch nicht immer an.

Faust.

Mein Herr Magister lobesan, 2280
Laß er mich mit dem Gesetz in Frieden!
Und das sag' ich ihm kurz und gut,
Wenn nicht das süße junge Blut
1100 Heut' Nacht in meinen Armen ruht,
So sind wir um Mitternacht geschieden. 2285

Mephistopheles.

Bedenkt was gehn und stehen mag!
Ich brauche wenigstens vierzehn Tag'
Nur die Gelegenheit auszuspüren.

Faust.

Hätt' ich nur sieben Stunden Ruh,
2290 Brauchte den Teufel nicht dazu,
So ein Geschöpfchen zu verführen.

[86] **Mephistopheles.**

Ihr sprecht schon fast wie ein Franzos.
Drum bitt' ich, laßt's euch nicht verdrießen.
Was hilft's nur g'rade zu genießen?
2295 Die Freud' ist lange nicht so groß,
Als wenn ihr erst herauf, herum,
Durch allerley Brimborium,
Das Püppchen geknetet und zugericht',
Wie's lehret manche Welsche Geschicht'.

Faust.

2300 Hab' Appetit auch ohne das.

Mephistopheles.

Jetzt ohne Schimpf und ohne Spaß:
Ich sag' euch, mit dem schönen Kind
Geht's ein= vor allemal nicht geschwind,
Mit Sturm ist da nichts einzunehmen;
2305 Wir müssen uns zur List bequemen.

Faust.

Schaff' mir etwas vom Engelsschatz!
Führ' mich an ihren Ruheplatz!
[87] Schaff' mir ein Halstuch von ihrer Brust,
Ein Strumpfband meiner Liebeslust!

Mephistopheles.

2310 Damit ihr seht, daß ich eurer Pein
Will förderlich und dienstlich seyn,
Wollen wir keinen Augenblick verlieren,
Will euch noch heut in ihr Zimmer führen.

1105

1110

1115

1120

1125

Fauſt.

1130 Und ſoll ſie ſehn? ſie haben?

Mephiſtopheles.

Nein!
Sie wird bey einer Nachbarinn ſeyn.   2315
Indeſſen könnt ihr ganz allein
An aller Hoffnung künft'ger Freuden
In ihrem Dunſtkreis ſatt euch weiden.

Fauſt.

1135 Können wir hin?

Mephiſtopheles.

Es iſt noch zu früh.

[88] **Fauſt.**

Sorg' du mir für ein Geſchenk für ſie.   2320
ab.

Mephiſtopheles.

Gleich ſchenken? Das iſt brav! Da wird er reüſſiren! —
Ich kenne manchen ſchönen Platz
Und manchen alt vergrabnen Schatz,
1140 Ich muß ein Bißchen revidiren.
ab.

Abend.

Ein kleines reinliches Zimmer.

Margarethe ihre Zöpfe flechtend und aufbindend.

Ich gäb' was drum, wenn ich nur wüßt',   2325
Wer heut' der Herr geweſen iſt!
Er ſah gewiß recht wacker aus,
Und iſt aus einem edlen Haus,
1145 [89] Das konnt' ich ihm an der Stirne leſen —
Er wär' auch ſonſt nicht ſo keck geweſen.   2330
ab.

Mephiftopheles. Fauft.

Mephiftopheles.

Herein, ganz leife, nur herein!

Fauft nach einigem Stillfchweigen.

Ich bitte dich, laß mich allein.

Mephiftopheles herumfpürend.

Nicht jedes Mädchen hält fo rein.

ab.

Fauft rings aufschauend.

Willkommen füßer Dämmerfchein,   1150
2335 Der du dieß Heiligthum durchwebft!
Ergreif mein Herz, du füße Liebespein,
Die du vom Thau der Hoffnung fchmachtend lebft!
Wie athmet rings Gefühl der Stille,
Der Ordnung, der Zufriedenheit,   1155
2340 [90] In diefer Armuth welche Fülle!
In diefem Kerker welche Seligkeit!

Er wirft fich auf den ledernen Seffel am Bette.

O nimm mich auf, der du die Vorwelt fchon
Bey Freud' und Schmerz in offnen Arm empfangen!
Wie oft, ach! hat an diefem Väter=Thron   1160
2345 Schon eine Schaar von Kindern rings gehangen!
Vielleicht hat, dankbar für den heil'gen Chrift,
Mein Liebchen hier, mit vollen Kinderwangen,
Dem Ahnherrn fromm die welke Hand geküßt.
Ich fühl', o Mädchen, deinen Geift   1165
2350 Der Füll' und Ordnung um mich fäufeln,
Der mütterlich dich täglich unterweif't,
Den Teppich auf den Tifch dich reinlich breiten heißt,
Sogar den Sand zu deinen Füßen kräufeln.
O liebe Hand! fo göttergleich!   1170
2355 Die Hütte wird durch dich ein Himmelreich.
Und hier!

Er hebt einen Bettvorhang auf.

[91] Was faßt mich für ein Wonnegraus!
Hier möcht' ich volle Stunden fäumen.

Natur! Hier bildetest in leichten Träumen
1175 Den eingebornen Engel aus;
Hier lag das Kind, mit warmem Leben   2360
Den zarten Busen angefüllt,
Und hier mit heilig reinem Weben
Entwirkte sich das Götterbild!
1180 Und du! Was hat dich hergeführt?
Wie innig fühl' ich mich gerührt!   2365
Was willst du hier? Was wird das Herz dir schwer?
Armsel'ger Faust! ich kenne dich nicht mehr.
Umgibt mich hier ein Zauberduft?
1185 Mich drang's so g'rade zu genießen,
Und fühle mich in Liebestraum zerfließen!   2370
Sind wir ein Spiel von jedem Druck der Luft?
Und träte sie den Augenblick herein,
Wie würdest du für deinen Frevel büßen!
1190 Der große Hans, ach wie so klein!
Läg', hingeschmolzen, ihr zu Füßen.   2375

[92] **Mephistopheles.**

Geschwind! ich seh' sie unten kommen.

Faust.

Fort! Fort! Ich kehre nimmermehr!

Mephistopheles.

Hier ist ein Kästchen leidlich schwer,
1195 Ich hab's wo anders hergenommen.
Stellt's hier nur immer in den Schrein;   2380
Ich schwör' euch, ihr vergehn die Sinnen,
Ich that euch Sächelchen hinein,
Um eine andre zu gewinnen.
1200 Zwar Kind ist Kind und Spiel ist Spiel.

Faust.

Ich weiß nicht, soll ich?

Mephistopheles.

                    Fragt ihr viel?   2385
Meint ihr vielleicht den Schatz zu wahren?

Dann rath' ich eurer Lüsternheit
Die liebe schöne Tageszeit,
Und mir die weitre Müh' zu sparen.   1205
Ich hoff' nicht daß ihr geizig seyd!
Ich kratz' den Kopf, reib' an den Händen —

Er stellt das Kästchen in den Schrein und drückt das Schloß
wieder zu.

Nur fort, geschwind —
Um euch das süße junge Kind
Nach Herzens Wunsch und Will' zu wenden;   1210
Und ihr seht drein,
Als solltet ihr in den Hörsaal hinein,
Als stünd' leibhaftig vor euch da
Physik und Metaphysika!
Nur fort —   1215

ab.

Margarethe mit einer Lampe.

Es ist so schwül, so dumpfig hie,
Sie macht das Fenster auf.
Und ist doch eben so warm nicht draus.
Es wird mir so, ich weiß nicht wie —
Ich wollt', die Mutter käm' nach Haus.
Mir läuft ein Schauer über'n Leib —   1220
Bin doch ein töricht furchtsam Weib!

[94] Sie fängt an zu singen, indem sie sich auszieht.

Es war ein König in Tule
Gar treu bis an das Grab,
Dem sterbend seine Buhle
Einen goldnen Becher gab.   1225

Es ging ihm nichts darüber,
Er leert' ihn jeden Schmaus;
Die Augen gingen ihm über,
So oft er trank daraus.

Und als er kam zu sterben,   1230
Zählt' er seine Stätt' im Reich,

4*

Gönnt' alles seinem Erben,
Den Becher nicht zugleich.

Er saß beym Königsmahle,
1235   Die Ritter um ihn her,
Auf hohem Väter=Saale,   2420
Dort auf dem Schloß am Meer.

[95] Dort stand der alte Zecher,
Trank letzte Lebensgluth,
1240   Und warf den heiligen Becher
Hinunter in die Fluth.   2425

Er sah ihn stürzen, trinken
Und sinken tief in's Meer,
Die Augen thäten ihm sinken,
1245   Trank nie einen Tropfen mehr.

Sie eröffnet den Schrein, ihre Kleider einzuräumen, und erblickt
das Schmuckkästchen.

Wie kommt das schöne Kästchen hier herein?   2430
Ich schloß doch ganz gewiß den Schrein.
Es ist doch wunderbar! Was mag wohl drinne seyn?
Vielleicht bracht's jemand als ein Pfand,
1250   Und meine Mutter lieh darauf?
Da hängt ein Schlüsselchen am Band,   2435
Ich denke wohl ich mach' es auf!
[96] Was ist das? Gott im Himmel! schau,
So 'was hab' ich mein' Tage nicht gesehn!
1255   Ein Schmuck! Mit dem könnt' eine Edelfrau
Am höchsten Feiertage gehn!   2440
Wie sollte mir die Kette stehn?
Wem mag die Herrlichkeit gehören?

Sie putzt sich damit auf und tritt vor den Spiegel.

Wenn nur die Ohrring' meine wären!
1260   Man sieht doch gleich ganz anders drein.
Was hilft euch Schönheit, junges Blut?   2445
Das ist wohl alles schön und gut,

Allein man läßt's auch alles seyn.
Man lobt euch halb mit Erbarmen.
Nach Golde drängt,   1265
2450   Am Golde hängt
Doch alles! Ach wir Armen!

---

[97] Spatziergang.

Fauſt in Gedanken auf und ab gehend.   Zu ihm Mephiſto=
pheles.

Mephiſtopheles.

Bey aller verſchmähten Liebe! Bey'm höllischen Elemente!
Ich wollt' ich wüßte 'was ärgers, daß ich's fluchen könnte!

Fauſt.

Was haſt? was kneipt dich denn ſo ſehr?   1270
2455   So kein Geſicht ſah' ich in meinem Leben!

Mephiſtopheles.

Ich möcht' mich gleich dem Teufel übergeben,
Wenn ich nur ſelbſt kein Teufel wär'!

Fauſt.

Hat ſich dir 'was im Kopf verſchoben?
Dich kleidet's, wie ein Raſender zu toben!   1275

[98] Mephiſtopheles.

2460   Denkt nur, den Schmuck, für Grethchen angeſchafft,
Den hat ein Pfaff' hinweggerafft — —
Die Mutter kriegt das Ding zu ſchauen,
Gleich fängt's ihr heimlich an zu grauen;
Die Frau hat gar einen feinen Geruch,   1280
2465   Schnuffelt immer im Gebetbuch,
Und riecht's einem jeden Möbel an,
Ob das Ding heilig iſt oder profan;
Und an dem Schmuck da ſpürt ſie's klar,
Daß dabey nicht viel Segen war.   1285

 Mein Kind, rief sie, ungerechtes Gut   2470
 Besängt die Seele, zehrt auf das Blut,
 Wollen's der Mutter Gottes weihen,
 Wird uns mit Himmels-Manna erfreuen!
1290 Margrethlein zog ein schiefes Maul,
 Ist halt, dacht' sie, ein geschenkter Gaul, 2475
 Und wahrlich gottlos ist nicht der,
 Der ihn so fein gebracht hierher.
 Die Mutter ließ einen Pfaffen kommen;
1295 Der hatte kaum den Spaß vernommen,
 [99] Ließ sich den Anblick wohl behagen; 2480
 Er sprach: So ist man recht gesinnt!
 Wer überwindet der gewinnt.
 Die Kirche hat einen guten Magen,
1300 Hat ganze Länder aufgefressen,
 Und doch noch nie sich übergessen; 2485
 Die Kirch' allein, meine liebe Frauen,
 Kann ungerechtes Gut verdauen.

Faust.

 Das ist ein allgemeiner Brauch,
1305 Ein Jud' und König kann es auch.

Mephistopheles.

 Strich drauf ein Spange, Kett' und Ring, 2490
 Als wären's eben Pfifferling,
 Dankt nicht weniger und nicht mehr,
 Als ob's ein Korb voll Nüsse wär',
1310 Versprach ihnen allen himmlischen Lohn —
 Und sie waren sehr erbaut davon. 2495

Faust.

 Und Gretchen?

  [100] Mephistopheles.

   Sitzt nun unruhvoll,
 Weiß weder, was sie will noch soll,
 Denkt an's Geschmeide Tag und Nacht,
1315 Noch mehr an den, der's ihr gebracht.

Fauſt.

Des Liebchens Kummer thut mir leid.   2500
Schaff' du ihr gleich ein neu Geſchmeid!
Am erſten war ja ſo nicht viel.

Mephiſtopheles.

O ja, dem Herrn iſt alles Kinderſpiel!

Fauſt.

Und mach', und richt's nach meinem Sinn!   1320
Häng' dich an ihre Nachbarinn.   2505
Sey Teufel doch nur nicht wie Brey,
Und ſchaff' einen neuen Schmuck herbey.

Mephiſtopheles.

Ja, gnäd'ger Herr, von Herzen gerne.

Fauſt ab.

[101] Mephiſtopheles.

So ein verliebter Thor verpufft   1325
Euch Sonne, Mond und alle Sterne   2510
Zum Zeitvertreib dem Liebchen in die Luft.

ab.

Der Nachbarinn Haus.

Marthe allein.

Gott verzeih's meinem lieben Mann,
Er hat an mir nicht wohl gethan!
Geht da ſtracks in die Welt hinein,   1330
Und läßt mich auf dem Stroh allein.   2515
Thät' ihn doch wahrlich nicht betrüben,
Thät' ihn, weiß Gott, recht herzlich lieben.

Sie weint.

Vielleicht iſt er gar todt! — O Pein! — —
Hätt' ich nur einen Todtenſchein!   1335

Margarethe kommt.

Margarethe.

Frau Marthe!

[102] Marthe.

Grethelchen, was soll's?   2520

Margarethe.

Fast sinken mir die Kniee nieder!
Da find' ich so ein Kästchen wieder
In meinem Schrein von Ebenholz,
1340   Und Sachen herrlich ganz und gar,
Weit reicher als das erste war.   2525

Marthe.

Das muß sie nicht der Mutter sagen,
Thät's wieder gleich zur Beichte tragen.

Margarethe.

Ach seh' sie nur! ach schau' sie nur!

Marthe putzt sie auf.

1345   O du glücksel'ge Kreatur!

Margarethe.

Darf mich, leider, nicht auf der Gassen,   2530
Noch in der Kirche mit sehen lassen.

[103] Marthe.

Komm du nur oft zu mir herüber,
Und leg' den Schmuck hier heimlich an;
1350   Spazier' ein Stündchen lang dem Spiegelglas vorüber,
Wir haben unser Freude dran;   2535
Und dann gibt's einen Anlaß, gibt's ein Fest,
Wo man's so nach und nach den Leuten sehen läßt,
Ein Kettchen erst, die Perle dann in's Ohr;
1355   Die Mutter sieht's wohl nicht, man macht ihr auch 'was vor.

Margarethe.

Wer konnte nur die beyden Kästchen bringen?   2540
Es geht nicht zu mit rechten Dingen!

Es klopft.

Margarethe.

Ach Gott! mag das meine Mutter seyn?

Marthe durch's Vorhängel guckend.

Es ist ein fremder Herr — Herein!

[104] Mephistopheles tritt auf.

Mephistopheles.

Bin so frey g'rad' herein zu treten,   1360
2545 Muß bey den Frauen Verzeihn erbethen.

   Tritt ehrerbietig vor Margarethen zurück.

Wollte nach Fran Marthe Schwerdlein fragen!

Marthe.

Ich bin's, was hat der Herr zu sagen?

Mephistopheles leise zu ihr.

Ich kenne Sie jetzt, mir ist das genug;
Sie hat da gar vornehmen Besuch.   1365
2550 Verzeiht die Freyheit die ich genommen,
Will nach Mittage wieder kommen.

Marthe laut.

Denk', Kind, um alles in der Welt!
Der Herr dich für ein Fräulein hält.

Margarethe.

Ich bin ein armes junges Blut;   1370
2555 Ach Gott! der Herr ist gar zu gut,
Schmuck und Geschmeide sind nicht mein.

[105] Mephistopheles.

Ach! es ist nicht der Schmuck allein.
Sie hat ein Wesen, einen Blick so scharf!
Wie freu't mich's, daß ich bleiben darf.   1375

Marthe.

2560 Was bringt Er denn? Verlange sehr —

Mephistopheles.

Ich wollt' ich hätt' eine frohere Mähr'!
Ich hoffe, Sie läßt mich's drum nicht büßen:
Ihr Mann ist todt und läßt Sie grüßen.

Marthe.

1380 Iſt todt? das treue Herz! O weh!
Mein Mann iſt todt! Ach ich vergeh'!   2565

Margarethe.

Ach! liebe Frau, verzweifelt nicht!

Mephiſtopheles.

So hört die traurige Geſchicht'!

Margarethe.

Ich möchte drum mein' Tag' nicht lieben,
1385 Würde mich Verluſt zu Tode betrüben.

[106] Mephiſtopheles.

Freud' muß Leid, Leid muß Freude haben.   2570

Marthe.

Erzählt mir ſeines Lebens Schluß!

Mephiſtopheles.

Er liegt in Padua begraben,
Bey'm heiligen Antonius,
1390 An einer wohlgeweihten Stätte
Zum ewig kühlen Ruhebette.   2575

Marthe.

Habt ihr ſonſt nichts an mich zu bringen?

Mephiſtopheles.

Ja, eine Bitte, groß und ſchwer:
Laß Sie doch ja für ihn drey hundert Meſſen ſingen!
1395 Im übrigen ſind meine Taſchen leer.

Marthe.

Was! nicht ein Schauſtück? Kein Geſchmeid'?   2580
Was jeder Handwerksburſch im Grund des Säckels ſpart,
[107] Zum Angedenken aufbewahrt,
Und lieber hungert, lieber bettelt!

Mephiſtopheles.

1400 Madam, es thut mir herzlich leid;
Allein er hat ſein Geld wahrhaftig nicht verzettelt. 2585

Auch er bereute seine Fehler sehr,
Ja, und bejammerte sein Unglück noch viel mehr.

Margarethe.

Ach! daß die Menschen so unglücklich sind!
Gewiß ich will für ihn manch Requiem noch bethen.   1405

Mephistopheles.

2590   Ihr wäret werth, gleich in die Eh' zu treten:
Ihr seyd ein liebenswürdig Kind.

Margarethe.

Ach nein, das geht jetzt noch nicht an.

[108] Mephistopheles.

Ist's nicht ein Mann, sey's derweil' ein Galan.
Es ist eine der größten Himmelsgaben,   1410
2595   So ein lieb Ding im Arm zu haben.

Margarethe.

Das ist des Landes nicht der Brauch.

Mephistopheles.

Brauch oder nicht! Es gibt sich auch.

Marthe.

Erzählt mir doch!

Mephistopheles.

              Ich stand an seinem Sterbebette,
Es war 'was besser als von Mist,   1415
2600   Von halb gefaultem Stroh; allein er starb als Christ,
Und fand, daß er weit mehr noch auf der Zeche hätte.
Wie, rief er, muß ich mich von Grund aus hassen,
So mein Gewerb, mein Weib so zu verlassen!
[109] Ach die Erinnerung tödtet mich.   1420
2605   Vergäb' sie mir nur noch in diesem Leben!

Marthe weinend.

Der gute Mann! ich hab' ihm längst vergeben.

Mephistopheles.

Allein, weiß Gott! sie war mehr Schuld als ich.

Marthe.

Das lügt er! Was! am Rand des Grab's zu lügen!

Mephiſtopheles.

1425 Er fabelte gewiß in letzten Zügen,
Wenn ich nur halb ein Kenner bin.   2610
Ich hatte, ſprach er, nicht zum Zeitvertreib zu gaffen,
Erſt Kinder, und dann Brot für ſie zu ſchaffen,
Und Brot im allerweit'ſten Sinn,
1430 Und konnte nicht einmal mein Theil in Frieden eſſen.

[110] Marthe.

Hat er ſo aller Treu', ſo aller Lieb' vergeſſen,   2615
Der Plackerey bey Tag und Nacht!

Mephiſtopheles.

Nicht doch, er hat euch herzlich dran gedacht.
Er ſprach: Als ich nun weg von Malta ging,
1435 Da bethet' ich für Frau und Kinder brünſtig;
Uns war denn auch der Himmel günſtig,   2620
Daß unſer Schiff ein Türkiſch Fahrzeug fing,
Das einen Schatz des großen Sultans führte.
Da ward der Tapferkeit ihr Lohn,
1440 Und ich empfing denn auch, wie ſich's gebührte,
Mein wohlgemeßnes Theil davon.   2625

Marthe.

Ey wie? Ey wo? Hat er's vielleicht vergraben?

Mephiſtopheles.

Wer weiß, wo nun es die vier Winde haben.
Ein ſchönes Fräulein nahm ſich ſeiner an,
1445 Als er in Napel fremd umher ſpatzierte;
[111] Sie hat an ihm viel Lieb's und Treu's gethan, 2630
Daß er's bis an ſein ſelig Ende ſpürte.

Marthe.

Der Schelm! Der Dieb an ſeinen Kindern!
Auch alles Elend, alle Noth
1450 Konnt' nicht ſein ſchändlich Leben hindern!

Mephistopheles.

2635 Ja seht! dafür ist er nun todt.
Wär' ich nun jetzt an euerm Platze,
Betraurt' ich ihn ein züchtig Jahr,
Visirte dann unterweil' nach einem neuen Schatze.

Marthe.

Ach Gott! wie doch mein erster war,   1455
2640 Find' ich nicht leicht auf dieser Welt den andern!
Es konnte kaum ein herz'ger Närrchen seyn
Er liebte nur das allzuviele Wandern,
Und fremde Weiber, und fremden Wein,
Und das verfluchte Würfelspiel.   1460

[112] Mephistopheles.

2645 Nun, nun, so konnt' es gehn und stehen,
Wenn er euch ungefähr so viel
Von seiner Seite nachgesehen.
Ich schwör' euch zu, mit dem Bering
Wechselt' ich selbst mit euch den Ring.   1465

Marthe.

2650 O es beliebt dem Herrn zu scherzen!

Mephistopheles für sich.

Nun mach' ich mich bey Zeiten fort!
Die hielte wohl den Teufel selbst bey'm Wort.

Zu Grethchen.

Wie steht es denn mit Ihrem Herzen?

Margarethe.

Was meint der Herr damit?

Mephistopheles für sich.

Du gut's, unschuldig's Kind! 1470

Laut.

2655 Lebt wohl ihr Frauen!

[113] Margarethe.

Lebt wohl!

Marthe.

O sagt mir doch geschwind!
Ich möchte gern ein Zeugniß haben,
Wo, wie und wenn mein Schatz gestorben und begraben
Ich bin von je der Ordnung Freund gewesen,
1475   Möcht' ihn auch todt im Wochenblättchen lesen.

Mephistopheles.

Ja, gute Frau, durch zweyer Zeugen Mund   2660
Wird allerwegs die Wahrheit kund;
Habe noch gar einen feinen Gesellen,
Den will ich euch vor den Richter stellen.
1480   Ich bring' ihn her.

Marthe.

O thut das ja.

Mephistopheles.

Und hier die Jungfrau ist auch da?   2665
Ein braver Knab'! ist viel gereis't,
Fräuleins alle Höflichkeit erweis't.

[114] Margarethe.

Müßte vor dem Herren schamroth werden.

Mephistopheles.

1485   Vor keinem Könige der Erden.

Marthe.

Da hinter'm Haus in meinem Garten   2670
Wollen wir der Herrn heut' Abend warten.

Straße.

Faust. Mephistopheles.

Faust.

Wie ist's? Will's fördern? Will's bald gehn?

Mephistopheles.

Ah bravo! Find' ich euch im Feuer?

In kurzer Zeit ist Gretchen euer,   1490
Heut' Abend soll't ihr sie bey Nachbars Marthen sehn:
Das ist ein Weib wie auserlesen
Zum Kuppler= und Zigeunerwesen!

[115] Faust.

So recht!

Mephistopheles.
Doch wird auch 'was von uns begehrt.

Faust.
Ein Dienst ist wohl des andern werth.   1495

Mephistopheles.
Wir legen nur ein gültig Zeugniß nieder,
Daß ihres Ehherrn ausgereckte Glieder
In Padua an heil'ger Stätte ruhn.

Faust.
Sehr klug! Wir werden erst die Reise machen müssen!

Mephistopheles.
Sancta simplicitas! Darum ist's nicht zu thun;   1500
Bezeugt nur ohne viel zu wissen.

Faust.
Wenn Er nichts bessers hat, so ist der Plan zerrissen.

[116] Mephistopheles.
O heil'ger Mann! Da wär't ihr's nun!
Ist es das erstemal in euerm Leben,
Daß ihr falsch Zeugniß abgelegt?   1505
Habt ihr von Gott, der Welt und was sich d'rin bewegt,
Vom Menschen, was sich ihm in Kopf und Herzen regt,
Definitionen nicht mit großer Kraft gegeben,
Mit frecher Stirne, kühner Brust?
Und wollt ihr recht in's Innre gehen,   1510
Habt ihr davon, ihr müßt es g'rad gestehen,
So viel als von Herrn Schwerdleins Tod gewußt!

Faust.
Du bist und bleibst ein Lügner, ein Sophiste.

Mephistopheles.

Ja, wenn man's nicht ein Bißchen tiefer wüßte.
1515 Denn morgen wirst in allen Ehren
Das arme Gretchen nicht bethören, 2700
Und alle Seelenlieb' ihr schwören.

[117] Faust.

Und zwar von Herzen.

Mephistopheles.

Gut und schön!
Dann wird von ewiger Treu' und Liebe,
1520 Von einzig überallmächt'gem Triebe —
Wird das auch so von Herzen gehn? 2705

Faust.

Laß das! Es wird! — Wenn ich empfinde,
Für das Gefühl, für das Gewühl
Nach Namen suche, keinen finde,
1525 Dann durch die Welt mit allen Sinnen schweife,
Nach allen höchsten Worten greife, 2710
Und diese Gluth, von der ich brenne,
Unendlich, ewig, ewig nenne,
Ist das ein teuflisch Lügenspiel?

Mephistopheles.

1530 Ich hab' doch Recht!

[118] Faust.

Hör' — merk' dir dieß,
Ich bitte dich, und schone meine Lunge — 2715
Wer Recht behalten will und hat nur eine Zunge,
Behält's gewiß.
Und komm, ich hab' des Schwätzens Überdruß,
1535 Denn du hast Recht, vorzüglich weil ich muß.

Garten.

Margarethe an Faustens Arm. Marthe mit Mephistopheles auf und ab spazierend.

Margarethe.

2720 Ich fühl' es wohl, daß mich der Herr nur schont,
Herab sich läßt, mich zu beschämen.
Ein Reisender ist so gewohnt
Aus Gütigkeit fürlieb zu nehmen,
Ich weiß zu gut, daß solch' erfahrnen Mann   1540
2725 Mein arm Gespräch nicht unterhalten kann.

[119] Faust.

Ein Blick von dir, Ein Wort mehr unterhält,
Als alle Weisheit dieser Welt.

Er küßt ihre Hand.

Margarethe.

Incommodirt euch nicht! Wie könn't ihr sie nur küssen,
Sie ist so garstig, ist so rauh!   1545
2730 Was hab' ich nicht schon alles schaffen müssen!
Die Mutter ist gar zu genau.

Gehn vorüber.

Marthe.

Und ihr, mein Herr, ihr reis't so immer fort?

Mephistopheles.

Ach, daß Gewerb' und Pflicht uns dazu treiben!
Mit wie viel Schmerz verläßt man manchen Ort,   1550
2735 Und darf doch nun einmal nicht bleiben!

[120] Marthe.

In raschen Jahren geht's wohl an,
So um und um frey durch die Welt zu streifen;
Doch kömmt die böse Zeit heran,
Und sich als Hagestolz allein zum Grab' zu schleifen, 1555
2740 Das hat noch keinem wohl gethan.

Mephistopheles.

Mit Grausen seh' ich das von weiten.

Marthe.

Drum, werther Herr, berathet euch in Zeiten.

Gehn vorüber.

Margarethe.

1560
Ja, aus den Augen aus dem Sinn!
Die Höflichkeit ist euch geläufig;
Allein ihr habt der Freunde häufig,
Sie sind verständiger als ich bin.

2745

Faust.

O Beste! glaube, was man so verständig nennt,
Ist oft mehr Eitelkeit und Kurzsinn.

[121] Margarethe.

Wie?

Faust.

1565
Ach, daß die Einfalt, daß die Unschuld nie
Sich selbst und ihren heil'gen Werth erkennt!
Daß Demuth, Niedrigkeit, die höchsten Gaben
Der liebevoll austheilenden Natur —

2750

Margarethe.

1570
Denkt ihr an mich ein Augenblickchen nur,
Ich werde Zeit genug an euch zu denken haben.

Faust.

Ihr seyd wohl viel allein?

2755

Margarethe.

Ja, unsre Wirthschaft ist nur klein,
Und doch will sie versehen seyn.
Wir haben keine Magd; muß kochen, fegen, stricken
1575
Und nähn, und laufen früh und spat;
Und meine Mutter ist in allen Stücken
So accurat!

2760

[122] Nicht daß sie just so sehr sich einzuschränken hat;
Wir könnten uns weit eh' als andre regen:
1580
Mein Vater hinterließ ein hübsch Vermögen,
Ein Häuschen und ein Gärtchen vor der Stadt.

2765

Doch hab' ich jetzt so ziemlich stille Tage:
Mein Bruder ist Soldat,
Mein Schwesterchen ist todt.
Ich hatte mit dem Kind wohl meine liebe Noth; 1585
2770 Doch übernähm' ich gern noch einmal alle Plage,
So lieb war mir das Kind.

Fauſt.

Ein Engel, wenn dir's glich.

Margarethe.

Ich zog es auf, und herzlich liebt' es mich.
Es war nach meines Vaters Tod geboren.
Die Mutter gaben wir verloren, 1590
2775 So elend wie sie damals lag,
Und sie erholte sich sehr langsam, nach und nach.
[123] Da konnte sie nun nicht d'ran denken
Das arme Würmchen selbst zu tränken,
Und so erzog ich's ganz allein, 1595
2780 Mit Milch und Wasser; so ward's mein,
Auf meinem Arm, in meinem Schoos
War's freundlich, zappelte, ward groß.

Fauſt.

Du hast gewiß das reinste Glück empfunden.

Margarethe.

Doch auch gewiß gar manche schwere Stunden. 1600
2785 Des Kleinen Wiege stand zu Nacht
An meinem Bett, es durfte kaum sich regen,
War ich erwacht;
Bald mußt' ich's tränken, bald es zu mir legen,
Bald, wenn's nicht schwieg, vom Bett' aufstehn, 1605
2790 Und tänzelnd in der Kammer auf und nieder gehn,
Und früh am Tage schon am Waschtrog stehn;
Dann auf dem Markt und an dem Herde sorgen,
Und immer fort wie heut so morgen.
[124] Da geht's, mein Herr, nicht immer muthig zu; 1610
2795 Doch schmeckt dafür das Essen, schmeckt die Ruh.

Gehn vorüber.

5*

Marthe.

Sagt g'rad, mein Herr, habt ihr noch nichts gefunden? 2800
Hat sich das Herz nicht irgendwo gebunden?

Mephistopheles.

Das Sprichwort sagt: Ein eigner Herd,
1615   Ein braves Weib, sind Gold und Perlen werth.

Marthe.

Ich meine: ob ihr niemals Lust bekommen?

Mephistopheles.

Man hat mich überall recht höflich aufgenommen. 2805

Marthe.

Ich wollte sagen: ward's nie Ernst in euerm Herzen?

[125] Mephistopheles.

Mit Frauen soll man sich nie unterstehn zu scherzen.

Marthe.

1620   Ach, ihr versteht mich nicht!

Mephistopheles.

          Das thut mir herzlich leid!
Doch ich versteh' — daß ihr sehr gütig seyd.
      Gehn vorüber.

Faust.

Du kanntest mich, o kleiner Engel, wieder, 2810
Gleich als ich in den Garten kam?

Margarethe.

Saht ihr es nicht? Ich schlug die Augen nieder.

Faust.

1625   Und du verzeih'st die Freyheit, die ich nahm?
Was sich die Frechheit unterfangen,
Als du jüngst aus dem Dom gegangen? 2815

[126] Margarethe.

Ich war bestürzt, mir war das nie geschehn;
Es konnte niemand von mir übels sagen.

Ach, dacht' ich, hat er in deinem Betragen   1630
Was freches, unanständiges gesehn?
2820 Es schien ihn gleich nur anzuwandeln,
Mit dieser Dirne g'rade hin zu handeln.
Gesteh' ich's doch! Ich wußte nicht was sich
Zu euerm Vortheil hier zu regen gleich begonnte;   1635
Allein gewiß, ich war recht bös' auf mich,
2825 Daß ich auf euch nicht böser werden konnte.

Fauſt.

Süß Liebchen!

Margarethe.

Laßt einmal.

Sie pflückt eine Sternblume und zupft die Blätter ab, eins nach
dem andern.

Fauſt.

Was soll das? Einen Strauß?

[127] Margarethe.

Nein, es soll nur ein Spiel.

Fauſt.

Wie?

Margarethe.

Geht! ihr lacht mich aus.

Sie rupft und murmelt.

Fauſt.

Was murmelst du?

Margarethe halb laut.

Er liebt mich — liebt mich nicht. 1640

Fauſt.

Du holdes Himmels-Angesicht!

Margarethe fährt fort.

2830 Liebt mich — Nicht — Liebt mich — Nicht —
Das letzte Blatt ausrupfend, mit holder Freude.

2831 Er liebt mich!

Fauſt.

Ja, mein Kind! Laß dieſes Blumenwort   2831
1645 [128] Dir Götter=Ausſpruch ſeyn. Er liebt dich!
Verſtehſt du, was das heißt? Er liebt dich!

Er faßt ihre beyde Hände.

Margarethe.

Mich überläuft's!

Fauſt.

O ſchaudre nicht! Laß dieſen Blick,   2835
Laß dieſen Händedruck dir ſagen,
1650 Was unausſprechlich iſt:
Sich hinzugeben ganz und eine Wonne
Zu fühlen, die ewig ſeyn muß!
Ewig! — Ihr Ende würde Verzweiflung ſeyn.   2840
Nein, kein Ende! Kein Ende!

Margarethe drückt ihm die Hände, macht ſich los und läuft
weg. Er ſteht einen Augenblick in Gedanken, dann folgt er ihr.

Marthe kommend.

1655 Die Nacht bricht an.

Mephiſtopheles.

Ja, und wir wollen fort.

[129] Marthe.

Ich bäth' euch länger hier zu bleiben,
Allein es iſt ein gar zu böſer Ort.
Es iſt als hätte niemand nichts zu treiben   2845
Und nichts zu ſchaffen,
1660 Als auf des Nachbarn Schritt und Tritt zu gaffen,
Und man kommt in's Gered' wie man ſich immer ſtellt.
Und unſer Pärchen?

Mephiſtopheles.

Iſt den Gang dort aufgeflogen.
Muthwill'ge Sommervögel!

Marthe.

Er ſcheint ihr gewogen.   2850

Mephiſtopheles.

Und ſie ihm auch. Das iſt der Lauf der Welt.

[130] Ein Gartenhäuschen.

Margarethe springt herein, steckt sich hinter die Thür, hält die
Fingerspitze an die Lippen, und guckt durch die Ritze.

Margarethe.

Er kommt!

Faust kommt.

Ach Schelm, so neckst du mich!   1665
Treff' ich dich!

Er küßt sie.

Margarethe ihn fassend und den Kuß zurück gebend.

Bester Mann! Von Herzen lieb' ich dich!

Mephistopheles klopft an.

Faust stampfend.

Wer da?

Mephistopheles.

Gut Freund!

Faust.

Ein Thier!

[131] Mephistopheles.

Es ist wohl Zeit zu scheiden.

Marthe.

Ja, es ist spät, mein Herr.

Faust.

Darf ich euch nicht geleiten?

Margarethe.

Die Mutter würde mich — Lebt wohl!

Faust.

Muß ich denn gehn?

Lebt wohl!

Marthe.

Ade!

Margarethe.

Auf baldig Wiedersehn!   1670
Faust und Mephistopheles ab.

[132] **Margarethe.**

Du lieber Gott! was so ein Mann
Nicht alles alles denken kann!
Beschämt nur steh' ich vor ihm da,   2860
Und sag' zu allen Sachen ja.
1675   Bin doch ein arm unwissend Kind,
Begreife nicht was er an mir find't.

ab.

— — —   —

[133]   **Gretßchens Stube.**

Gretßchen am Spinnrade allein.

    Meine Ruh' ist hin,   3021
    Mein Herz ist schwer,
    Ich finde sie nimmer
1680   Und nimmermehr.

    Wo ich ihn nicht hab'   3025
    Ist mir das Grab,
    Die ganze Welt
    Ist mir vergällt.

1685   [134] Mein armer Kopf
    Ist mir verrückt,   3030
    Mein armer Sinn
    Ist mir zerstückt.

    Meine Ruh' ist hin,
1690   Mein Herz ist schwer,
    Ich finde sie nimmer   3035
    Und nimmermehr.

    Nach ihm nur schau' ich
    Zum Fenster hinaus,
1695   Nach ihm nur geh' ich
    Aus dem Haus.   3040

Sein hoher Gang,
Sein' edle Gestalt,
Seines Mundes Lächeln,
Seiner Augen Gewalt,   1700

3045   [135] Und seiner Rede
Zauberfluß,
Sein Händedruck,
Und ach sein Kuß!

Meine Ruh' ist hin,   1705
3050   Mein Herz ist schwer,
Ich finde sie nimmer
Und nimmermehr.

Mein Busen drängt
Sich nach ihm hin,   1710
3055   Ach dürft' ich fassen
Und halten ihn!
Und küssen ihn
So wie ich wollt',
An seinen Küssen   1715
3060   Vergehen sollt'!

---

[136] Marthens Garten.

Margarethe. Faust.

Margarethe.

Versprich mir, Heinrich!

Faust.
          Was ich kann!

Margarethe.
Nun sag', wie hast du's mit der Religion?
Du bist ein herzlich guter Mann,
Allein ich glaub' du hält'st nicht viel davon.   1720

Fauſt.

Laß das, mein Kind! Du fühlſt ich bin dir gut;   3065
Für meine Lieben ließ' ich Leib und Blut,
Will niemand ſein Gefühl und ſeine Kirche rauben.

Margarethe.

Das iſt nicht recht, man muß d'ran glauben!

[137] Fauſt.

1725   Muß man?

Margarethe.

Ach! wenn ich etwas auf dich könnte!
Du ehrſt auch nicht die heil'gen Sacramente.   3070

Fauſt.

Ich ehre ſie.

Margarethe.

Doch ohne Verlangen.
Zur Meſſe, zur Beichte biſt du lange nicht gegangen.
Glaubſt du an Gott?

Fauſt.

Mein Liebchen, wer darf ſagen,
1730   Ich glaub' an Gott?
Magſt Prieſter oder Weiſe fragen,   3075
Und ihre Antwort ſcheint nur Spott
Über den Frager zu ſeyn.

Margarethe.

So glaubſt du nicht?

[138] Fauſt.

Mißhör' mich nicht, du holdes Angeſicht!
1735   Wer darf ihn nennen?
Und wer bekennen,   3080
Ich glaub' ihn?
Wer empfinden?
Und ſich unterwinden
1740   Zu ſagen, ich glaub' ihn nicht?
Der Allumfaſſer,   3085

Der Allerhalter,
Faßt und erhält er nicht
Dich, mich, sich selbst?
Wölbt sich der Himmel nicht dadroben?   1745
3090 Liegt die Erde nicht hierunten fest?
Und steigen freundlich blickend
Ewige Sterne nicht herauf?
Schau' ich nicht Aug' in Auge dir,
Und drängt nicht alles   1750
3095 Nach Haupt und Herzen dir,
Und webt in ewigem Geheimniß
Unsichtbar sichtbar neben dir?
Erfüll' davon dein Herz, so groß es ist,
[139] Und wenn du ganz in dem Gefühle selig bist,   1755
3100 Nenn' es dann wie du willst,
Nenn's Glück! Herz! Liebe! Gott!
Ich habe keinen Namen
Dafür! Gefühl ist alles;
Name ist Schall und Rauch,   1760
3105 Umnebelnd Himmelsgluth.

Margarethe.

Das ist alles recht schön und gut;
Ungefähr sagt das der Pfarrer auch,
Nur mit ein Bißchen andern Worten.

Faust.

Es sagen's aller Orten   1765
3110 Alle Herzen unter dem himmlischen Tage,
Jedes in seiner Sprache;
Warum nicht ich in der meinen?

Margarethe.

Wenn man's so hört, möcht's leidlich scheinen,
Steht aber doch immer schief darum;   1770
3115 Denn du hast kein Christenthum.

[140] Faust.

Lieb's Kind!

Margarethe.

Es thut mir lang' schon weh,
Daß ich dich in der Gesellschaft seh'.

Faust.

Wie so?

Margarethe.

Der Mensch, den du da bey dir hast,
1775 Ist mir in tiefer inn'rer Seele verhaßt:
Es hat mir in meinem Leben   3120
So nichts einen Stich in's Herz gegeben,
Als des Menschen widrig Gesicht.

Faust.

Liebe Puppe, fürcht' ihn nicht!

Margarethe.

1780 Seine Gegenwart bewegt mir das Blut.
Ich bin sonst allen Menschen gut;   3125
Aber wie ich mich sehne dich zu schauen,
[141] Hab' ich vor dem Menschen ein heimlich Grauen,
Und halt' ihn für einen Schelm dazu!
1785 Gott verzeih' mir's, wenn ich ihm Unrecht thu'!

Faust.

Es muß auch solche Käuze geben.   3130

Margarethe.

Wollte nicht mit seines Gleichen leben!
Kommt er einmal zur Thür herein,
Sieht er immer so spöttisch drein,
1790 Und halb ergrimmt,
Man sieht, daß er an nichts keinen Antheil nimmt;   3135
Es steht ihm an der Stirn' geschrieben,
Daß er nicht mag eine Seele lieben.
Mir wird's so wohl in deinem Arm,
1795 So frey, so hingegeben warm,
Und seine Gegenwart schnürt mir das Inn're zu.   3140

Faust.

Du ahndungsvoller Engel du!

[142] Margarethe.

Das übermannt mich so sehr,
Daß, wo er nur mag zu uns treten,
Mein' ich sogar, ich liebte dich nicht mehr. 1800
Auch wenn er da ist, könnt' ich nimmer bethen. 3145
Und das frißt mir in's Herz hinein;
Dir, Heinrich, muß es auch so seyn.

Faust.

Du hast nun die Antipathie!

Margarethe.

Ich muß nun fort.

Faust.

Ach kann ich nie 1805
Ein Stündchen ruhig dir am Busen hängen, 3150
Und Brust an Brust und Seel' in Seele drängen?

Margarethe.

Ach wenn ich nur alleine schlief!
Ich ließ dir gern heut' Nacht den Riegel offen;
Doch meine Mutter schläft nicht tief, 1810
[143] Und würden wir von ihr betroffen, 3155
Ich wär' gleich auf der Stelle todt!

Faust.

Du Engel, das hat keine Noth.
Hier ist ein Fläschchen, drey Tropfen nur
In ihren Trank umhüllen 1815
Mit tiefem Schlaf gefällig die Natur. 3160

Margarethe.

Was thu' ich nicht um deinetwillen?
Es wird ihr hoffentlich nicht schaden!

Faust.

Würd' ich sonst, Liebchen, dir es rathen?

Margarethe.

Seh' ich dich, bester Mann, nur an, 1820
Weiß nicht was mich nach deinem Willen treibt; 3165

Ich habe schon so viel für dich gethan,
Daß mir zu thun fast nichts mehr über bleibt
      ab.

[144] **Mephistopheles** tritt auf.

Mephistopheles.

Der Grasaff'! ist er weg?

Faust.

                Hast wieder spionirt?

Mephistopheles.

1825   Ich hab's ausführlich wohl vernommen.
Herr Doctor wurden da katechisirt;   3170
Hoff' es soll Ihnen wohl bekommen.
Die Mädels sind doch sehr interessirt,
Ob einer fromm und schlicht nach altem Brauch.
1830   Sie denken, duckt er da, folgt er uns eben auch.

Faust.

Du, Ungeheuer, siehst nicht ein,   3175
Wie diese treue liebe Seele
Von ihrem Glauben voll,
Der ganz allein
1835   Ihr selig machend ist, sich heilig quäle,
Daß sie den liebsten Mann verloren halten soll.   3180

[145] Mephistopheles.

Du übersinnlicher, sinnlicher Freyer,
Ein Mägdelein nasführet dich.

Faust.

Du Spottgeburt von Dreck und Feuer!

Mephistopheles.

1840   Und die Physiognomie versteht sie meisterlich;
In meiner Gegenwart wird's ihr sie weiß nicht wie, 3185
Mein Mäskchen da weissagt verborgnen Sinn;
Sie fühlt, daß ich ganz sicher ein Genie,
Vielleicht wohl gar der Teufel bin.
1845   Nun heute Nacht —?

[146] **Fauft.**
>   Was geht dich's an?

Mephistopheles.

3190 Hab' ich doch meine Freude d'ran.

Am Brunnen.

Grethchen und Lieschen mit Krügen.

Lieschen.

Haft nichts von Bärbelchen gehört?

Grethchen.

Kein Wort. Ich komm' gar wenig unter Leute.

Lieschen.

Gewiß, Sibille sagt' mir's heute!
Die hat sich endlich auch bethört.   1850
3195 Das ist das Vornehmthun!

[147] **Grethchen.**
>   Wie so?

Lieschen.
>   Es stinkt!
Sie füttert zwey, wenn sie nun ißt und trinkt.

Grethchen.

Ach!

Lieschen.

So ist's ihr endlich recht ergangen.
Wie lange hat sie an dem Kerl gehangen!   1855
3200 Das war ein Spazieren,
Auf Dorf und Tanzplatz führen,
Mußt' überall die erste seyn,
Curtesirt' ihr immer mit Pastetchen und Wein;
Bild't sich was auf ihre Schönheit ein,   1860
3205 War doch so ehrlos sich nicht zu schämen
Geschenke von ihm anzunehmen.

War ein Getos' und ein Geschleck;
Da ist denn auch das Blümchen weg!

[148] Gretchen.

1865   Das arme Ding!

Lieschen.

Bedauerst sie noch gar!
Wenn unser eins am Spinnen war,   3210
Uns Nachts die Mutter nicht hinunter ließ;
Stand sie bey ihrem Buhlen süß,
Auf der Thürbank und im dunkeln Gang
1870   Ward ihnen keine Stunde zu lang.
Da mag sie denn sich ducken nun,   3215
Im Sünderhemdchen Kirchbuß' thun!

Gretchen.

Er nimmt sie gewiß zu seiner Frau.

Lieschen.

Er wär' ein Narr! Ein flinker Jung'
1875   Hat anderwärts noch Luft genung.
Er ist auch fort.

[149] Gretchen.

Das ist nicht schön!   3220

Lieschen.

Kriegt sie ihn, soll's ihr übel gehn.
Das Kränzel reißen die Buben ihr
Und Häckerling streuen wir vor die Thür!
ab.

Gretchen nach Hause gehend.

1880   Wie konnt' ich sonst so tapfer schmählen,
Sah ich ein armes Mägdlein fehlen!   3225
Wie konnt' ich über andrer Sünden
Nicht Worte g'nug der Zunge finden!
Wie schien mir's schwarz, und schwärzt's noch gar,
1885   Mir's immer doch nicht schwarz g'nug war,

3230 [150] Und ſegnet' mich und that ſo groß,
Und bin nun ſelbſt der Sünde bloß!
Doch — alles was mich dazu trieb,
Gott! war ſo gut! ach war ſo lieb!

---

[151]

Wald und Höhle.

Fauſt allein.

2864 Erhabner Geiſt, du gabſt mir, gabſt mir alles,   1890
Warum ich bath. Du haſt mir nicht umſonſt
Dein Angeſicht im Feuer zugewendet.
Gabſt mir die herrliche Natur zum Königreich,
Kraft ſie zu fühlen, zu genießen. Nicht
Kalt ſtaunenden Beſuch erlaubſt du nur,   1895
2870 Vergönneſt mir in ihre tiefe Bruſt,
Wie in den Buſen eines Freund's, zu ſchauen.
Du führſt die Reihe der Lebendigen
Vor mir vorbey, und lehrſt mich meine Brüder
Im ſtillen Buſch, in Luft und Waſſer kennen.   1900
2875 Und wenn der Sturm im Walde branſ't und knarrt,
[152] Die Rieſenfichte, ſtürzend, Nachbaräſte
Und Nachbarſtämme, quetſchend, nieder ſtreift,
Und ihrem Fall dumpf hohl der Hügel donnert;
Dann führſt du mich zur ſichern Höhle, zeigſt   1905
2880 Mich dann mir ſelbſt, und meiner eignen Bruſt
Geheime tiefe Wunder öffnen ſich:
Und ſteigt vor meinem Blick der reine Mond
Beſänftigend herüber, ſchweben mir
Von Felſenwänden, aus dem feuchten Buſch   1910
2885 Der Vorwelt ſilberne Geſtalten auf,
Und lindern der Betrachtung ſtrenge Luſt.

O daß dem Menſchen nichts vollkomm'nes wird,
Empfind' ich nun. Du gabſt zu dieſer Wonne,
Die mich den Göttern nah' und näher bringt,   1915
2890 Mir den Gefährten, den ich ſchon nicht mehr

Entbehren kann, wenn er gleich, kalt und frech,
[153] Mich vor mir selbst erniedrigt, und zu Nichts,
Mit einem Worthauch, deine Gaben wandelt.
1920 Er facht in meiner Brust ein wildes Feuer
Nach jenem schönen Bild geschäftig an. 2895
So tauml' ich von Begierde zu Genuß,
Und im Genuß verschmacht' ich nach Begierde.

Mephistopheles tritt auf.

Mephistopheles.

Habt ihr nun bald das Leben g'nug geführt?
1925 Wie kann's euch in die Länge freuen?
Es ist wohl gut, daß man's einmal probirt! 2900
Dann aber wieder zu was neuen.

Faust.

Ich wollt', du hättest mehr zu thun,
Als mich am guten Tag zu plagen.

Mephistopheles.

1930 Nun nun! ich laß' dich gerne ruhn,
Du darfst mir's nicht im Ernste sagen. 2905
An dir Gesellen unhold, barsch und toll,
[154] Ist wahrlich wenig zu verlieren.
Den ganzen Tag hat man die Hände voll!
1935 Was ihm gefällt und was man lassen soll,
Kann man dem Herrn nie an der Nase spüren. 2910

Faust.

Das ist so just der rechte Ton!
Er will noch Dank, daß er mich ennuyirt.

Mephistopheles.

Wie hätt'st du, armer Erdensohn,
1940 Dein Leben ohne mich geführt?
Vom Kribskrabs der Imagination 2915
Hab' ich dich doch auf Zeiten lang curirt;
Und wär' ich nicht, so wär'st du schon
Von diesem Erdball abspazirt.

Was haſt du da in Höhlen, Felſenritzen 1945
Dich wie ein Schuhu zu verſitzen?
Was ſchlurfſt aus dumpfem Moos und triefendem Geſtein,
Wie eine Kröte, Nahrung ein?
[155] Ein ſchöner, ſüßer Zeitvertreib!
Dir ſteckt der Doctor noch im Leib. 1950

Fauſt.

Verſtehſt du was für neue Lebenskraft,
Mir dieſer Wandel in der Öde ſchafft?
Ja würdeſt du es ahnden können,
Du wäreſt Teufel g'nug mein Glück mir nicht zu gönnen

Mephiſtopheles.

Ein überirdiſches Vergnügen! 1955
In Nacht und Thau auf den Gebirgen liegen,
Und Erd' und Himmel wonniglich umfaſſen,
Zu einer Gottheit ſich aufſchwellen laſſen,
Der Erde Mark mit Ahndungsdrang durchwühlen,
Alle ſechs Tagewerk' im Buſen fühlen, 1960
In ſtolzer Kraft ich weiß nicht was genießen,
Bald liebewonniglich in alles überfließen,
Verſchwunden ganz der Erdenſohn,
Und dann die hohe Intuition —
[156] Mit einer Geberde.
Ich darf nicht ſagen wie — zu ſchließen. 1965

Fauſt.

Pfuy über dich!

Mephiſtopheles.

Das will euch nicht behagen,
Ihr habt das Recht geſittet pfuy zu ſagen.
Man darf das nicht vor keuſchen Ohren nennen,
Was keuſche Herzen nicht entbehren können.
Und kurz und gut, ich gönn' Ihm das Vergnügen, 1970
Gelegentlich ſich etwas vorzulügen;
Doch lange hält Er das nicht aus.
Du biſt ſchon wieder abgetrieben,
Und, währt es länger, aufgerieben

6*

1975 In Tollheit oder Angst und Graus.
Genug damit! Dein Liebchen sitzt dadrinne, 2950
Und alles wird ihr eng' und trüb'.
Du kommst ihr gar nicht aus dem Sinne,
Sie hat dich übermächtig lieb.
1980 [157] Erst kam deine Liebeswuth übergeflossen,
Wie vom geschmolznen Schnee ein Bächlein übersteigt; 2955
Du hast sie ihr in's Herz gegossen,
Nun ist dein Bächlein wieder seicht.
Mich dünkt, anstatt in Wäldern zu thronen,
1985 Ließ es dem großen Herren gut,
Das arme affenjunge Blut 2960
Für seine Liebe zu belohnen.
Die Zeit wird ihr erbärmlich lang;
Sie steht am Fenster, sieht die Wolken ziehn
1990 Über die alte Stadtmauer hin.
Wenn ich ein Vöglein wär'! So geht ihr Gesang 2965
Taglang, halbe Nächte lang.
Einmal ist sie munter, meist betrübt,
Einmal recht ausgeweint,
1995 Dann wieder ruhig, wie's scheint,
Und immer verliebt. 2970

Faust.

Schlange! Schlange!

[158] Mephistopheles für sich.

Gelt! daß ich dich fange!

Faust.

Verruchter, hebe dich von hinnen,
2000 Und nenne nicht das schöne Weib!
Bring' die Begier zu ihrem süßen Leib 2975
Nicht wieder vor die halb verrückten Sinnen!

Mephistopheles.

Was soll es dann? Sie meint, du seyst entfloh'n,
Und halb und halb bist du es schon.

Fauſt.

Ich bin ihr nah', und wär' ich noch ſo fern,   2005
Ich kann ſie nie vergeſſen und verlieren;
Ja, ich beneide ſchon den Leib des Herrn,
Wenn ihre Lippen ihn indeß berühren.

Mephiſtopheles.

Gar wohl, mein Freund! Ich hab' euch oft beneidet
Um's Zwillingspaar, das unter Roſen weidet.   2010

[159] Fauſt.

Entfliehe, Kuppler!

Mephiſtopheles.

Schön! Ihr ſchimpft und ich muß lachen.
Der Gott, der Bub' und Mädchen ſchuf,
Erkannte gleich den edelſten Beruf,
Auch ſelbſt Gelegenheit zu machen.   2015
Nur fort, es iſt ein großer Jammer!
Ihr ſollt in eures Liebchens Kammer,
Nicht etwa in den Tod.

Fauſt.

Was iſt die Himmelsfreud' in ihren Armen?
Laß mich an ihrer Bruſt erwarmen!
Fühl' ich nicht immer ihre Noth?   2020
Bin ich der Flüchtling nicht, der Unbehaus'te,
Der Unmenſch ohne Zweck und Ruh,
Der wie ein Waſſerſturz von Fels zu Felſen brauſ'te
Begierig wüthend nach dem Abgrund zu?
[160] Und ſeitwärts ſie, mit kindlich dumpfen Sinnen,   2025
Im Hüttchen auf dem kleinen Alpenfeld,
Und all ihr häusliches Beginnen
Umfangen in der kleinen Welt.
Und ich, der Gottverhaßte,
Hatte nicht genug,   2030
Daß ich die Felſen faßte
Und ſie zu Trümmern ſchlug!

Sie, ihren Frieden mußt' ich untergraben!
Du, Hölle, mußtest dieses Opfer haben!
2035 Hilf, Teufel, mir die Zeit der Angst verkürzen,
Was muß geschehn, mag's gleich geschehn!   3010
Mag ihr Geschick auf mich zusammenstürzen
Und sie mit mir zu Grunde gehn!

Mephistopheles.

Wie's wieder siedet, wieder glüht!
2040 Geh' ein und tröste sie, du Thor!
Wo so ein Köpfchen keinen Ausgang sieht,   3015
Stellt er sich gleich das Ende vor.
[161] Es lebe wer sich tapfer hält!
Du bist doch sonst so ziemlich eingeteufelt.
2045 Nichts abgeschmackters find' ich auf der Welt,
Als einen Teufel der verzweifelt.   3020

———————

Zwinger.

In der Mauerhöhle ein Andachtsbild der Mater dolorosa, Blumen-
krüge davor.

Gretchen steckt frische Blumen in die Krüge.

Ach neige,   3234
Du Schmerzenreiche,
Dein Antlitz gnädig meiner Noth!

2050 Das Schwert im Herzen,
Mit tausend Schmerzen
Blickst auf zu deines Sohnes Tod.
[162] Zum Vater blickst du,   3240
Und Seufzer schickst du
2055 Hinauf um sein' und deine Noth.

Wer fühlet,
Wie wühlet
Der Schmerz mir im Gebein?   3245

Was mein armes Herz hier banget,
Was es zittert, was verlanget,   2060
Weißt nur du, nur du allein!

3250   Wohin ich immer gehe,
Wie weh, wie weh, wie wehe
Wird mir im Busen hier!
Ich bin ach kaum alleine,   2065
Ich wein', ich wein', ich weine,
Das Herz zerbricht in mir.

3255   Die Scherben vor meinem Fenster
Bethaut' ich mit Thränen, ach!
Als ich am frühen Morgen   2070
Dir diese Blumen brach.
[163] Schien hell in meine Kammer
3260   Die Sonne früh herauf,
Saß ich in allem Jammer
In meinem Bett' schon auf.   2075

Hilf! rette mich von Schmach und Tod!
Ach neige,
3265   Du Schmerzenreiche,
Dein Antlitz gnädig meiner Noth!

———— —

[164] Dom.

Amt, Orgel und Gesang.

Grethchen unter vielem Volke. Böser Geist hinter Grethchen.

Böser Geist.

3423   Wie anders, Grethchen, war dir's,   2080
Als du noch voll Unschuld
3425   Hier zum Altar trat'st,
Aus dem vergriffnen Büchelchen

Gebethe lalltest,
2085 Halb Kinderspiele,
Halb Gott im Herzen.
Grethchen!
Wo steht dein Kopf?
In deinem Herzen,
2090 Welche Missethat?
[165] Beth'st du für deiner Mutter Seele, die
Durch dich zur langen, langen Pein hinüber schlief?
— Und unter deinem Herzen
Regt sich's nicht quillend schon,
2095 Und ängstet dich und sich
Mit ahndungsvoller Gegenwart?

Grethchen.

Weh! Weh!
Wär' ich der Gedanken los,
Die mir herüber und hinüber gehen
2100 Wider mich!

Chor.

Dies irae dies illa
Solvet Saeclum in favilla.

Orgelton.

Böser Geist.

Grimm faßt dich!
Die Posaune tönt!
2105 [166] Die Gräber beben!
Und dein Herz,
Aus Aschenruh
Zu Flammenqualen
Wieder aufgeschaffen,
2110 Bebt auf!

Grethchen.

Wär' ich hier weg!
Mir ist als ob die Orgel mir
Den Athem versetzte,
Gesang mein Herz
2115 Im tiefsten lös'te.

Chor.

3460   Iudex ergo cum sedebit,
Quidquid latet adparebit,
Nil inultum remanebit.

Grethchen.

Mir wird so eng'!   2120
Die Mauern = Pfeiler
3465 Befangen mich!
[167] Das Gewölbe
Drängt mich! — Luft!

Böser Geist.

Verbirg dich! Sünd' und Schande
Bleibt nicht verborgen.   2125
3170 Luft? Licht?
Weh dir.

Chor.

Quid sum miser tunc dicturus?
Quem patronum rogaturus?
Cum vix justus sit securus.   2130

Böser Geist.

3175 Ihr Antlitz wenden
Verklärte von dir ab.
Die Hände dir zu reichen,
Schauert's den Reinen.
Weh!   2135

[168] Chor.

3180 Quid sum miser tunc dicturus?

Grethchen.

Nachbarinn! Euer Fläschchen! —
Sie fällt in Ohnmacht.